Emmanuel Todd
Frei!

W0040862

PIPER

Zu diesem Buch

Mit seinen kontroversen Thesen sorgt Emmanuel Todd seit
Jahren für Aufruhr – weil er immer wieder recht behält. So
auch im Fall der arabischen Revolutionen. Die Welt tat überrascht, doch Todd hatte es angekündigt. Der Historiker und
Demograf hatte Geburtenzahlen und den Grad der Alphabetisierung ausgewertet und vor Jahren schon eine unaufhaltsame Revolution vorausgesagt: Die arabische Welt ist moder-
ner, als wir glauben. Der Islam ist fähig zu Demokratie. Hier
geht er noch einen Schritt weiter und zeigt, was der arabische
Frühling für unser Verständnis von Demokratie bedeutet:
Wie viel Freiheit braucht Europa? Welche Rolle will Deutschland in Zukunft spielen?

Emmanuel Todd, geboren 1951, absolvierte das Institut d'Etudes Politiques de Paris und promovierte in Cambridge in Geschichte. Er war Literaturkritiker für Le Monde und arbeitet
am Institut National d'Etudes Démographiques. Bereits 1976
sagte er in seinem Buch »La Chute Finale« den Zusammenbruch der Sowjetunion voraus. Seine Bücher »Weltmacht
USA« und »Die unaufhaltsame Revolution« (zusammen mit
Youssef Courbage) wurden in Deutschland unmittelbar nach
Erscheinen zu Bestsellern.

Emmanuel Todd
im Gespräch mit Daniel Schneidermann

FREI!

Der arabische Frühling und was er für die Welt bedeutet

Aus dem Französischen von Enrico Heinemann

Piper München Zürich

Mehr über unsere Autoren und Bücher:
www.piper.de

Mix
Produktgruppe aus vorbildlich bewirtschafteten
Wäldern und anderen kontrollierten Herkünften
www.fsc.org Zert.-Nr. GFA-COC-001223
© 1996 Forest Stewardship Council

Deutsche Erstausgabe
August 2011
© Loubiana – arretsurimages.net, 2011
© der deutschsprachigen Ausgabe:
Piper Verlag GmbH, München, 2011
Die französische Originalausgabe erschien 2011 unter dem Titel »Allah n'y est
pour rien« bei SAS Loubiana, Paris
Umschlagkonzeption: semper smile, München
Umschlaggestaltung: Bauer + Möhring, Berlin
Satz: Kösel, Krugzell
Gesetzt aus der Minion
Papier: Munken Print von Arctic Paper Munkedals AB, Schweden
Druck und Bindung: CPI – Clausen & Bosse, Leck
Printed in Germany   ISBN 978-3-492-27444-9

Inhalt

Vorbemerkung

Ich freue mich ganz besonders über die deutsche Übersetzung dieses Büchleins, der Bearbeitung eines Gesprächs, das mit den Revolutionen in der arabischen Welt beginnt und unter anderem mit einer – wenn auch allzu flüchtigen – Betrachtung der deutschen Frage endet. Diese Vereinfachung ist der Preis, den man für die rasche Darlegung einiger wichtiger Thesen bezahlen muss.

In diesem Buch geht es um den Eintritt der arabischen Welt in einen universellen Prozess, in die Massenalphabetisierung, jenen historischen Augenblick, an dem deutlich wird, dass alle Individuen einer Gesellschaft in einem Alter über sechs oder zehn Jahren lesen und schreiben können. So werden sie in der Lage sein, an einer gemeinsamen Kultur teilzuhaben: Daraufhin folgen in einer natürlichen Abfolge ein Geburtenrückgang, ein wirtschaftlicher Aufschwung und selbstverständlich eine politische Demokratisierung. Dabei bleiben Wirren des Übergangs und die Gewalt, welche die Desorientierung angesichts der Moderne auslöst, offenbar nicht aus.

Die Alphabetisierung der Massen, die sich anhand einiger statistischer Indikatoren leicht messen und verfolgen lässt, ist für mich eine der wichtigsten Entwicklungsachsen der Menschheitsgeschichte. An ihr bemisst sich die Entwicklung des menschlichen Geistes, nicht anhand seiner spektakulärsten wissenschaftlichen und künstlerischen Errungenschaften, sondern anhand des Fortschritts der Massen, der mit diesen Errungenschaften auf eine ebenso spektakuläre wie geheimnisvolle Weise korreliert. Die wissenschaftliche Revolution des 17. Jahrhunderts erfolgte zu einer Zeit, als sich in Nordeuropa die Alphabetisierung der Massen vollzog. In dynamischen Gesellschaften marschieren die Eliten und das Volk im gleichen Tempo voran.

Ich bezeichne mich zuweilen als einen »empirischen« oder »statistischen Hegelianer«, obwohl ich Hegels Schriften in französischer Übersetzung nur zur Hälfte verstehe. Diese halb scherzhafte Äußerung, so meine ich, ist eine Anerkennung der zentralen Rolle Deutschlands in der Geschichte dieses kulturellen Aufschwungs. Die Alphabetisierung der Massen beginnt mit Luther und der Reformation, die für alle einen Zugang zur Heiligen Schrift einforderte. Lesen lernen musste man nicht nur aus rein rationalen und wirtschaftlichen Gründen, sondern auch deshalb, weil Gott es verlangte. Diese schlichte rückblickende Feststellung ermöglicht einen gelasseneren und ehrlichen Blick auf die Gegenwart. Haben wir erst einmal erkannt, welche treibende Rolle die Religion beim kulturellen Aufschwung Europas spielte, müssen wir uns nicht mehr aufregen, wenn wir die arabische und muslimische Welt in die Moderne eintreten sehen und dabei auch Elemente einer religiös motivierten Krise, einen Fundamentalismus und eine Entislamisierung beobachten.

Und um auf eher europäische Fragen zurückzukommen: Wenn wir die Vorstellung akzeptiert haben, dass der Beginn der Moderne in Europa nicht durch die industrielle Revolution in England oder die Französische Revolution, sondern durch die deutsche Bildungsrevolution markiert wird, können wir schlicht und direkt über Deutschland reden. Wenn wir anerkennen, was wir dem Land verdanken, können wir seine negativen wie positiven Aspekte analysieren. In diesem Buch habe ich die deutschen anthropologischen Besonderheiten genannt, die den Nationalsozialismus der Vergangenheit wie auch den wirtschaftlichen Egoismus der Bundesrepublik in der Gegenwart erklären. Es geht übrigens nicht darum, Deutschland zu isolieren, sitzen die Deutschen doch mit Blick auf die anthropologische Kategorie der Stammfamilie in einem Boot mit den Basken, Katalanen, Japanern, Juden und Ruandern.

Die universelle Entwicklung des menschlichen Geistes hindert nicht daran, dass zwischen konkreten Gruppen Unterschiede in den Sitten und Werten bestehen bleiben. Der Mensch ist universell, die Gesellschaftssysteme sind es nicht. Europa ist dabei, sich mit seiner Weigerung, deren Vielfalt anzuerkennen, selbst zugrunde zu richten, hat es doch Systemen mit ganz unterschiedlichen Bräuchen eine Einheitswährung auferlegt und so wirtschaftliche und finanzielle Ungleichgewichte zwischen den Mitgliedsnationen herbeigeführt. Die europäische Ideologie verlangt fortan nach einer einheitlichen Wirtschaftspolitik, die aber die Lage nicht nur verschlimmern, sondern unweigerlich für ein Auseinanderbersten des Systems und insbesondere der Gemeinschaftswährung sorgen wird. Dass in der historischen Analyse wirtschaftliche Konzepte dominierten, hat diese schicksalshafte Entwicklung maßgeblich mit ausgelöst. Mit einer Konzeption von Geschichte, die das Leben der realen Menschen besser – im gemeinsamen Streben nach Fortschritt wie in der Vielfalt ihrer familiären und sozialen Bräuche – erfasst, hätte sich dieses Desaster vermeiden lassen.

Emmanuel Todd

Entstehung eines Buches

Dieses ungewöhnliche Buch gibt ein bekenntnisreiches Gespräch des Teams der Website *@rrêt sur images* mit Emmanuel Todd wieder. Es ist gleichsam das uneheliche Kind eines vormals erschienenen Buches und einer Sendung von *Web-télévision*.

Seine natürliche Grundlage ist die faszinierende Analyse, die Emmanuel Todd und Youssef Courbage 2007 unter dem Titel *Le rendez-vous des civilisations* veröffentlichten, auf Deutsch erschienen unter dem Titel *Die unaufhaltsame Revolution. Wie die Werte der Moderne die islamische Welt verändern*, München 2008. Mit der darin präsentierten Diagnose schwammen die Autoren gegen den Strom: Entgegen den vielfach wiederholten platten Darstellungen in den Medien und in der Politik huldigen die arabischen Völker keineswegs dem Fundamentalismus und der Diktatur. Sie sind vielmehr ganz in die Moderne eingetreten, wo sie sich unmerklich zu den sogenannten westlichen Völkern gesellten.

Mein Hinweis, die Autoren seien »gegen den Strom geschwommen«, ist dabei untertrieben. In Frankreich ergehen sich einige tonangebende Medien seit Jahren in müßigen Fragen, ob der Koran denn mit der Moderne kompatibel sei: Seien der Islam und die Muslime weltweit nicht von Natur aus und schicksalsgegeben rückwärtsgewandt, frauenfeindlich, homophob und antiaufklärerisch? Könne die arabische Welt überhaupt anderes hervorbringen als Bombenleger, Zwangsehen, Ehrenmorde, Fatwas, Gesichtsschleier, die Scharia, den Dschihad, die Vielweiberei und alle möglichen Gewalttaten?

In diesem geistigen Klima wurden die französische Regierung und die Crème unserer Islamkritiker aus den Medien von den Umwälzungen in Tunesien und kurz darauf in Ägypten überrollt. Zunächst herrschte Gleichgültigkeit. Erst nach drei Wochen erkannten Frankreichs Fernsehjournalisten, dass in Tunesien eine Revolution im Gang war. Es folgten spektakuläre Fauxpas: Den bis heute denkwürdigsten leistete sich die damalige französische Außenministerin Michèle Alliot-Marie. Sie schlug vor, die Regierung Ben Ali möge sich das »weltweit anerkannte Know-how Frankreichs in Sachen innere Sicherheit« zum Vorbild nehmen. Einige Wochen später erfuhr man, dass die Ministerin in dem von blutigen Unruhen erschütterten Tunesien einige Tage Urlaub verbracht hatte. Im Privatjet eines Milliardärs, eines Regimefreundes, flog sie über die Revolution hinweg.

Und die Journalisten? Einhellige Reaktionen. Man schließe die Augen und erinnere sich. War da nicht die Kanonade an gelehrten Erörterungen über den Islam, die Burka, über Halal, den Laizismus usw.? Kaum waren die arabischen Revolutionen ausgebrochen, suchten die manischen Islamkritiker unserer Medien auf den Straßen von Tunis, Kairo und Bengasi nach Anzeichen des Einflusses der Imame, die ja hinter den Ereignissen stecken mussten. In Tunesien fahndeten die französischen TV-Sender in den ersten Tagen nur nach Islamisten. Wo verbargen sie sich? Von wo aus manipulierten sie diskret die revolutionären Ereignisse? Vergeblich. Sie gingen nach Kairo, um dort das Bild bestätigt zu bekommen. Am Nil konnten sie wenigsten sicher sein, auf die berüchtigten »Muslimbrüder« zu stoßen. Diese warteten nur auf ein Signal, um die Revolution in ihre Bahnen zu lenken. Allerdings mussten die Sonderberichterstatter einräumen, dass die Muslimbrüder nicht die Anstoßgeber gewesen waren. Ach, was machten sie für ein Gesicht, als die Diktaturen wankten! Welche Trauermienen im französischen Fernsehen, welche stumme Besorgnis sprach da aus jeder Reportage, als Völker ihre Ketten sprengten. Sie verrieten mehr als alle Kommentare über die unsäglichen Schrecken, die diese unwillkommenen jungen Revolutionen in den traditionellen Medien unserer Gesellschaft von Alten auslösten.

Um für dieses obsessive Misstrauen nur ein Beispiel zu nennen, erinnern wir an die Sendung *Mots croisés*, die der öffentlich-rechtliche Sender France 2 am 7. Februar 2011 ausstrahlte. In ihr stellte der Moderator Yves Calvi seinen Gästen eine gute Viertelstunde lang eine einzige Frage, die er in ungezählten Varianten wiederholte: »Muss man die Muslimbrüder fürchten?« – »Ist die Demokratie das Spiel der Bärtigen?« – »Konkret: Kommen unausweichlich die Muslimbrüder an die Macht?« – »Die jetzt ans Ruder kommen können, verbreiten Angst, denn sie gelten als Fundamentalisten.« – »Darf man den Fokus hier nicht auf den Islamismus legen?« – »Wollen die Muslimbrüder die Scharia einführen?« Wir haben diese Äußerungen zu einer köstlichen Videomontage verarbeitet.

In allen TV-Interviews achte ich fast manisch mehr auf die Fragen als auf die Antworten. Erstere sagen schon deshalb meistens mehr aus, weil sie ganz unschuldig und bemüht neutral daherkommen. Falls es übrigens – ein alter Streit – tatsächlich eine »Meinungsmache durch das Fernsehen« gibt, bin ich persönlich überzeugt, dass sie anders funktioniert, als man es erwartet, nämlich vermittels unschuldig wirkender Sprecher, Äußerungen und Bilder. An jenem Abend konnte man jedenfalls sehen, wie sehr das öffentlich-rechtliche Fernsehen als ein Apparat funktionieren kann, der unter dem Deckmantel objektiver Fragen kritisches Denken ausmerzt und Ängste schürt.

Stellen Sie sich meine Erleichterung und Begeisterung vor, als ich Tage später auf Todds Buch stieß. Todd war gegen die vorherrschende Propaganda so gut gefeit, dass ich es mit fieberhafter Begeisterung las. Dabei verfocht er keineswegs eine ausdrückliche Gegenposition oder verfiel in eine selige Apologie des Korans. Sie wäre genauso lächerlich gewesen wie die Standpunkte der islamfeindlichen Medienvertreter nach Calvis Art. Todd stand anderswo. Er feuerte Schüsse von der Seite ab, die umso durchschlagender wirkten, als er im intellektuellen Grabenkrieg Frankreichs eine ganz neue Art Munition einsetzte: die der demografischen Fakten. Beim Lesen des Buchs kam ich sofort auf den begeisternden Gedanken, den Autor einzuladen, um diese Analyse, die sich soeben als prophetisch erwiesen hatte, zu erläutern: Waren die Revolutionen in der arabischen Welt eine unausweichliche Folge demografischer Fakten? Wie konnte es sein, dass diese so deutlichen Hinweise allen entgangen waren?

Diese Sendung stand denn auch Pate bei der Entstehung des Büchleins, das Sie jetzt in Händen halten.

Todd ist einer der allzu seltenen Denker, die unsere Weltsicht erschüttern, weil sie sich nicht um verbale Zurückhaltung, Schicklichkeit, Konformismus oder politische Korrektheit kümmern. Seine unverblümten Urteile über Deutschland, Russland, den Iran oder China, seine Pennäler-Witze (»Basken sind anstrengend« – »die Japaner sind wie die Deutschen, aber mit Sinn für Humor«) mögen manche Leser vor den Kopf stoßen. Vielleicht wecken sie sogar Zweifel an seinem wissenschaftlichen Ernst. Ich glaube an das genaue Gegenteil. Todd erfreut uns damit, dass er sich selbst nicht so ernst nimmt und sein eigenes Standbild als Prophet mit Graffiti besprüht. So hält er uns davon ab, ihn zum großen Vordenker hochzustilisieren. Tatsächlich wagt er sich weit abseits der eingetretenen Pfade auf neues Gebiet vor und dreht sich immer wieder nach uns um, um sicherzugehen, dass wir ihn nicht aus den Augen verloren haben. Aber er verlangt von uns keineswegs, dass wir ihm folgen. Er versucht nicht, uns auf seine Seite zu ziehen. Als Vorbild zu dienen und Jünger zu rekrutieren interessierte ihn in seiner Laufbahn nie. Zwar betrachtet er sich gerne auch als einen, der über den Fakten einen Drahtseilakt vollführt, aber wenn er sich entscheiden muss, ist er sich selbst als ein frecher Schulbub genug, der es nicht fassen kann, dass er den Klassenbesten den ersten Preis vor der Nase weggeschnappt hat, anstatt sich auf die Schlammschlachten der »intellektuellen Debatte« einzulassen, wie sie in Frankreich heißt: auf diesen Grabenkrieg, der im Grunde seit der Affäre Dreyfus tobt und den periodisch der Nationalsozialismus, der Kommunismus oder heute der Islam mit immer neuer Munition versorgt. All dies um zu erklären, dass wir seine Bonmots und Geistesblitze deshalb schriftlich fixiert haben, weil »aus altbewährten Denkmustern auszubrechen« voraussetzt, dass man seine Worte eben nicht dem Über-Ich akademischer Veröffentlichungen oder zurückliegender Leistungen unterwirft. (Vergessen wir nicht, dass der Schuljunge dieses Jahr immerhin seinen 60. Geburtstag feiert.)

Die Sendung mit Emmanuel Todd vom 4. März 2011 kam bei den Zuschauern bestens an. Viele fanden es schade, dass sie Angehörigen, die keine langen Diskussionen im Internet abrufen wollen und oder nicht auf *@rrêt sur images* abonniert sind, den Inhalt nicht ausführlich darlegen konnten.

Daher dieses Buch: eine bearbeitete Niederschrift der Sendung, ein Versuch, Mündliches und Schriftliches zusammenzubringen, bei dem wir Todds »Satzmelodie« wiedergaben, Sprechpausen, Wiederholungen und Versprecher aber wegließen, wie es sich für eine schriftliche Version gehört.

Ein letzter Hinweis: Ich bekenne mich dazu, dass mir die wichtigen Ideen immer zu spät kommen. Nach unserer Begegnung auf dem Podium fielen mir passende Denkanstöße, wichtige Einwände und weitere Fragen ein. Wir trafen uns deswegen nochmals. Diese späteren Ergänzungen sind im Text gekcnnzeichnet. Die mit @si bezeichneten Fragesteller auf dem Podium sind Anne-Sophie Jacques und ich. Das nachfolgende Gespräch habe ich allein geführt. Es gab uns Gelegenheit, die Diskussion zu erweitern. Sein Angriff sei von der Seite erfolgt, sagte ich. Allah könne nichts dafür, hatte uns der Demograf auf dem Podium verraten. Und auch Jesus und die Jungfrau Maria seien unschuldig gewesen an der Revolution von Solidarnosc in Polen! Auch dies ein Sakrileg Todds, das an zahlreichen vorgefassten Meinungen rüttelt. Seine streng demografische Vorgehensweise brachte ihn dazu, Faktoren für historische Umbrüche auszuschließen, die einhellig als wesentlich gelten. Ich hoffe, dieses kleine Buch löst Streit, Widerspruch und Diskussionen aus. Wir jedenfalls werden nach Kräften dazu beitragen.

Daniel Schneidermann

Allah kann nichts dafür!

@si Angesichts der Revolutionen, die sich seit einigen Wochen in Tunesien, Ägypten und anderswo abspielen, ist Ihr Buch *Le rendez-vous des civilisations* (dt.: *Die unaufhaltsame Revolution*) von 2007 verblüffend. Anhand statistischer Daten und ganz im Widerspruch zu den Klischees von vor der tunesischen Revolution haben Sie darin schlicht den Eintritt der arabischen Welt in die Moderne beschrieben. Allerdings sahen Sie nicht gleich auch einen Umsturz der politischen Strukturen vorher. Mit einem Wort: Sie sahen den Eintritt in die Moderne voraus, nicht aber, dass dieser in revolutionärer Form erfolgen würde.

E. Todd Richtig. Das hat gefehlt. Außer im Fall des Iran, der der arabischen Welt zeitlich weit voraus ist. Der Iran hat seine Revolution schon 1979 hinter sich gebracht. Und die Leute haben bis heute nicht begriffen, dass das, was in der arabischen Welt abläuft, dem entspricht, was in anderer Form im Iran während Khomeinis Revolution passiert ist.[1]

---

1 1979 stürzte das Regime des Schahs im Iran durch einen Volksaufstand, der vom Ajatollah Khomeini angeführt wurde. Wenig später wurde die Islamische Republik gegründet. Das Regime ist bis heute an der Macht.

In der arabischen Welt könnte genau das passieren, was in der sowjetischen Welt ablief. Im Übrigen sehe ich eine Parallele zwischen der Haltung der meisten Beobachter am Ende der Sowjetunion und deren Haltung heute. Alle gingen davon aus, dass es einen *Homo sowjeticus* gebe, der für die Ewigkeit gemacht sei, und dass sich das auch nie ändern würde. Und so glaubte man auch an einen *Homo islamicus.* Deswegen haben wir in unserem Buch von 2007 sehr deutlich gesagt, dass es sehr überraschen würde, wenn die Entwicklung hin zu Freiheit und Rationalität im Familienleben nicht auch zu politischen Umwälzungen führte.

@si Die Umwälzungen in Tunesien und Ägypten gingen als Revolution von der Straße aus. War so etwas vorstellbar?

E.Todd Für einen Historiker ist alles vorstellbar. In der Vergangenheit ist alles schon da gewesen. Gegenwärtig gibt es da so eine Merkwürdigkeit. Ich weiß nicht, ob das von der Überalterung Europas kommt, davon, dass es in Europa wenig Junge gibt, aber die Menschen reagieren offenbar verblüfft, wenn sie junge Leute ein Regime stürzen sehen. Aber das war in der Geschichte doch meistens so! Auch in Frankreich im Mai '68 gingen immer wieder junge Leute auf die Straße. 1956 nahm die Revolution in Ungarn mit dem Eintreffen der sowjetischen Panzer einen üblen Ausgang. Ich erinnere mich, dass ich nachgerechnet habe: Die Toten waren zwischen 15 und 30 Jahre alt.

@si Sind Sie als Fernsehzuschauer von den Revolutionen in Tunesien, Ägypten und Libyen in den letzten Wochen denn überrascht worden?

E. Todd Der Zeitpunkt, wenn die Ereignisse losgehen, kommt natürlich immer überraschend.

@si Aber die Form?

E. Todd Ehrlich gesagt, nein. Eine Revolution besteht aus Leuten, die auf die Straße gehen und offen gegen das Regime rebellieren. Und dann kommt der entscheidende Augenblick, den der Historiker wie einen technischen Akt erwartet: wenn die Armee auseinanderbricht oder die Seiten wechselt. Dieser Moment ist bei jeder Revolution entscheidend. Im Fall Russlands 1917 verbrüderten sich die Soldaten mit der Gegenseite und liefen schnurstracks zur Revolution über. In der arabischen Welt hat die Armee eine weitaus wichtigere oder andere Rolle als die einst im Russland der Zaren. Deswegen erlebt man im Fall dieser Revolutionen eine Armee, die plötzlich erkennt, dass die Bestrebungen des Volkes legitim sind, dass man nicht schießen darf usw. Aber der ganze Ablauf war klassisch.

@si Ihr Koautor Youssef Courbage hat allerdings kürzlich in einem Interview hervorgehoben, dass in Tunesien zwar die Jungen der Ausgangspunkt der Revolution sind, aber weite Teile der Bevölkerung auf die Straße gingen …

E. Todd   Ja, aber die Altersstrukturen sind jedenfalls so, dass zwangsläufig sehr viele Junge auf die Straße gehen, wenn man das Volk als Ganzes nach dem Zufallsprinzip nimmt: Das Medianalter[2] der Bevölkerung beträgt in Tunesien 29 Jahre und in Ägypten 24 Jahre, während es in Frankreich bei 40 und in Deutschland bei 44 Jahren liegt.

@si   Um unser Gespräch richtig zu unterfüttern: Erinnern Sie sich, an welchen drei bis vier wichtigen statistischen Daten Sie Ihre Analyse damals genau festmachten?

E. Todd   Es sind die klassischen Daten einer historischen Analyse, bei der die Wirtschaft eher außen vor bleibt. Wir leben in einer von der Wirtschaft besessenen Welt, einer der gewendeten Marxisten, die davon ausgehen, dass Wirtschaft alles sei. (Ich denke an die Neoliberalen, die im Grund gewendete Marxisten sind, und nicht die intelligentesten.) Der erste Parameter, der große Motor der Entwicklung, die Hauptachse der Menschheitsgeschichte, ist die Fähigkeit, schreiben und lesen zu können, also die Alphabetisierungsrate. Damit lässt sich die gesamte Geschichte der Menschheit beschreiben: Beginnen Sie 3000 Jahre vor unserer Zeitrechnung – vor Jesus Christus, wie man im Abendland sagt – mit der Erfindung der Schrift in Mesopota-

---

2 Das Medianalter teilt eine Bevölkerung in zwei gleiche Hälften, bei denen die eine mindestens und die andere höchstens so alt ist wie dieses Alter.

mien. Und mit der Reformation in Europa haben Sie den Beginn der Alphabetisierung der Massen.

@si Jetzt gerade, wo Sie reden, sieht man hinter Ihnen ein Bild, das Ihre Worte gut illustriert: In den ersten Fernsehreportagen zu Tunesien hielten junge Gutausgebildete ihre Abschlusszeugnisse in die Kamera und beschwerten sich darüber, dass sie trotz dieser ganzen Diplome keinerlei Berufsperspektiven hätten.

Wenn man schreiben und lesen kann, kann man ein Flugblatt lesen. Und sogar eines schreiben!

E. Todd   Ja, sie stehen für die Phase 2, die Sekundar- und die höheren Abschlüsse. Als Primarschüler hat man noch kein Diplom. Aber wenn man lesen und schreiben kann, kann man ein Flugblatt lesen und sogar eines schreiben. Politische Teilnahme wird dadurch zum natürlichen Vorgang. Die Alphabetisierungsrate kann für sich allein eine generelle Geschichte der Menschheit beschreiben: Dies ist die Vorstellung einer Einheit, der Gedanke, dass die Vorgänge in der muslimischen oder arabischen Welt normal waren, da sie sich auf gleiche Weise auch anderswo abgespielt hatten. Hinter allem steckt diese zentrale Achse der Menschheitsgeschichte, nämlich das steigende Bildungsniveau.

In Westeuropa ist dies im 16., 17. und 18. Jahrhundert geschehen. Die Französische Revolution brach aus, als 50 Prozent der Menschen im Pariser Becken schreiben konnten. Bei der Englischen Revolution etwas mehr als ein Jahrhundert zuvor hatte es sich ebenso verhalten. Bei der Russischen Revolution war es dasselbe. Und bei der Revolution im Iran geschah das Gleiche in den 1960er- und 70er-Jahren. Bei allen arabischen Län-

dern ist klar, dass sie bei der Bildung zwar hinterher-
hinken, nach dem Krieg aber besonders rasch aufge-
holt haben. Die jungen Segmente der Bevölkerung
haben dort inzwischen sehr bedeutende Alphabetisierungsraten erreicht.

@si Allerdings mit großen Unterschieden. Darauf
wird zurückzukommen sein. Und der zweite Parameter in Ihrer Analyse ist die Geburtenrate.

E. Todd Bis zum Iran kommt das allgemeine Modell der Revolution, das des demokratischen Wandels,
theoretisch ohne Geburtenrate aus. (Entschuldigung,
dass ich mich hier wie eine Art Mechaniker der Revolution ausdrücke.) Im üblichen Ablauf – Frankreich,
Russland oder Iran, beim Iran lief die Sache verblüffend europäisch ab – kommt zunächst das gestiegene
Bildungsniveau, dann die Revolution und erst dann
der Rückgang der Geburtenrate.

@si Warum ist in Ihrem Modell die Geburtenrate
dann wichtig? Bei der Alphabetisierung leuchtet es
ein: Man muss Flugblätter schreiben und lesen können. Aber die Geburtenrate?

E. Todd Eben deshalb sage ich ja, dass im klassischen
Modell der Geburtenrückgang eigentlich unnötig ist
und eher als Konsequenz erscheint. Tatsächlich setzt
er zeitlich leicht versetzt ein, weil er stärker mit der
Alphabetisierung der Frauen als mit der der Männer

korreliert. Und die Alphabetisierung der Männer und die der Frauen laufen zeitlich versetzt ab.

@si Wenn die Frau lesen kann, bekommt sie weniger Kinder? Das müssen Sie erklären.

E. Todd Welcher Malthusianismus! *[Lacht.]* Die Variable, die am stärksten mit der Geburtenrate (oder zumindest mit der Geburtenkontrolle) korreliert, ist die Alphabetisierungsrate der Frauen. Das heißt nicht, dass keine Kinder mehr geboren werden. Aber es bedeutet, dass allmählich eine Geburtenkontrolle einsetzt, dass sozusagen nicht mehr hingenommen wird, dass das Schicksal oder Gott darüber entscheidet, wie viele Kinder man bekommt. In *Die unaufhaltsame Revolution* haben wir damit für große Überraschung gesorgt, aber aus Sicht von Demografen haben wir nur routinemäßige Feststellungen getroffen. Der Gedanke, dass die Menschheit sich universell über die Alphabetisierung, den Geburtenrückgang usw. weiterentwickelt, ist für Demografen Normalität.

@si Sicher, aber die Mehrzahl unserer Abonnenten und Leser sind keine Berufsdemografen. Deshalb stelle ich schlichte Fragen, damit wir nochmals über die Grundlagen sprechen können.

E. Todd Ich habe niemandem etwas vorgeworfen! Ich wollte nur betonen, dass wir eben nicht sonderlich originell sind.

D. Schneidermann Sie haben uns gleich zu Beginn der Sendung mit dem selbstverständlichen Hinweis überrascht, der Iran habe seine Revolution ja 1979 hinter sich gebracht. Sie haben diese Revolution so implizit mit den aktuellen Umbrüchen in der arabischen Welt gleichgesetzt. Sie können sich vorstellen, dass dieser Vergleich überrascht. Der heutige Iran, der der Mullahs und der Niederschlagung der Proteste, gilt eigentlich nicht als Vorbild für eine demokratische Gesellschaft!

E. Todd Es ist sogar noch schlimmer! Manche sehen die jüngste Protestbewegung gegen das Regime Ahmadinedschads als Entsprechung dessen, was in der arabischen Welt vor sich geht. Von außen gesehen, erscheint diese Analyse logisch. Ich halte mich dagegen an die historische Perspektive, die der Annales-Schule, wonach man die Alphabetisierungsraten und den Ausbruch einer Revolution aufmerksam im Auge behalten muss. Politisch ist der Iran der arabischen Welt einfach um 30 Jahre voraus: Die iranische Alphabetisierungsrate hatte das Stadium der 50 Prozent kurz zuvor, das heißt im Jahrzehnt vor dem Sturz der Monarchie 1979, erreicht. Mit dieser Abfolge steht der Iran tatsächlich in einer Reihe mit Europa. Um keine Missverständnisse aufkommen zu lassen: Nicht alle Revolutionen erreichen sofort das Ideal der freiheitlichen

Demokratie. Vielleicht gibt es nach Jahrzehnten der Stabilisierung am Ende überall freie Wahlen. Aber in bestimmten Ländern wirkt sich die Revolution zunächst einmal so aus, dass ein autoritäres Regime der besonderen Art errichtet wird … Es wird gar nicht gesehen, wie friedlich die Revolutionen in Tunesien und in Ägypten im Gegensatz zu denen in Europa bislang verliefen, obwohl es Tote gab. Aber das ist kein Standardmodell. Um auf den Iran zurückzukommen: Das Land befindet sich in einer postrevolutionären Phase mit den üblichen Rückschlägen. Bevor die Monarchie zusammenbrechen konnte, musste erst einmal die Alphabetisierung voranschreiten. Anschließend hat der Geburtenrückgang eine Reaktion der Desorientierung, wie ich es nenne, ausgelöst (ungefähr vergleichbar mit dem Stalinismus in Russland, der ebenfalls in einer Phase des Geburtenrückgangs entstand). Diese Dynamik des Aufruhrs, der Desorientierung der Bevölkerung, setzte sich unter dem Mullah-Regime fort. Im Übrigen war das Land fürchterlichen Aggressionen von außen ausgesetzt. Diese haben den abschließenden Prozess der Befriedung verzögert. Also meiner Meinung nach werden die Iraner es schaffen!

D. Schneidermann Sie verstehen aber schon, dass es befremdlich wirkt, wenn Sie die Französische und die Englische Revolution mit der Iranischen in einer Analyse unterbringen. Die beiden zuerst genannten brachten immerhin Herrschaftsformen hervor, die als demokratisch gelten, auch wenn diese Demokratien sehr unvollkommen sind.

E. Todd Ich verstehe schon. Aber hinter Ihrem Unbehagen steckt dieselbe Ursache wie hinter meiner Fähigkeit, die Zukunft vorherzusagen. Die Medienlandschaft bringt minütlich Interpretationen zu den Ereignissen hervor. Ich halte mich stur an mein Modell und nicht an die unmittelbaren Ereignisse. Ich habe meine Parameter, ordne die Dinge ein und komme dabei tatsächlich auf überraschende Ergebnisse. Aber dass Sie negativ überrascht reagieren, ist dasselbe, wie wenn mir Leute positiv überrascht sagen: »Ach, das ist ja klasse! Sie haben die Revolutionen in der arabischen Welt vorhergesehen.« Das ist dasselbe, die gleiche Überraschung. Ich sehe einfach andere Dinge als beispielsweise die Journalisten.

D. Schneidermann Wie würden Sie denn das gegenwärtige politische System im Iran einschätzen?

E. Todd Zunächst glaube ich, dass die Iraner ein starkes demokratisches Temperament besitzen. Sie stimmen ständig ab, diskutieren und nehmen unterschiedliche Positionen ein. Wenn man die Iraner in Ruhe gelassen hätte, wären sie die erste große Demokratie des Mittleren Ostens geworden.

D. Schneidermann Dann ist am gegenwärtigen Rückstand bei der Demokratisierung der iranisch-irakische Krieg schuld?

E. Todd Ich streite den gewalttätigen und intoleranten Charakter des Khomeinismus keineswegs ab. Aber wenn man sieht, wie schnell das Wahlrecht – wenn auch unvollkommen – eingeführt wurde, und wenn man die Besonderheiten des Schiitentums kennt, kann man davon ausgehen, dass die Iraner schnellere Fortschritte hätten machen müssen. Die Großmächte sind mit der Iranischen Revolution ziemlich schlecht umgesprungen, und das hat die Entwicklung verzögert.

—— Rückkehr zur Sendung ————————————

@si Sie sagten, Ihre Feststellungen seien vielleicht nicht besonders originell, aber für Außenstehende brennend interessant. Wenn also der Geburtenrückgang für die Iranische Revolution keine Voraussetzung war, warum muss er dann in die Analyse der gegenwärtigen arabischen Revolutionen einbezogen werden?

E. Todd Weil er zeigt, dass die Modernisierung weitergelaufen ist. Es ist, als habe die Gesellschaft alle anderen Elemente der Modernisierung akkumuliert. Tatsächlich hatte sich die politische Bewegung noch nicht formiert. Es herrschten ständig Diktaturen, diese autoritären Systeme des Militärs, der Polizei oder der Monarchie oder von allen dreien gleichzeitig. Aber trotzdem modernisierten sich die Länder. Das nächste Stadium, das des Geburtenrückgangs, trat ungefähr so ein, als würden diese arabischen Gesellschaften sämtliche Energien der Modernisierung akkumulieren.

Und beides kam zusammen. In einer Gesellschaft, die ihre Geburten kontrolliert, haben sich die Beziehungen zwischen Mann und Frau gewandelt. Noch dazu ereignet sich dieser Geburtenrückgang in einer Gesellschaft, in der die Jungen schreiben und lesen lernen. Damit tritt die Situation ein, dass die Söhne, nicht aber ihre Väter lesen können. Dies führt zu einem Bruch in den Autoritätsbeziehungen, und zwar nicht nur auf familiärer Ebene, sondern implizit auf der Ebene der Gesamtgesellschaft. In den arabischen Gesellschaften, die patrilinear organisiert sind und in denen die Frauen den Männern im Status deutlich untergeordnet sind, ist dies natürlich eine entscheidende Variable. Das bedeutet, dass sich diese Welt bewegt.

D. Schneidermann Dann folgt aus Ihrer Theorie über den Eintritt der Völker in die Moderne also keineswegs, dass sich die politischen Umwälzungen und revolutionären Abläufe einheitlich vorziehen, einem Einheitsmodell gehorchen?

E. Todd Das Modell, das ich im Verlauf von 40 Jahren Forschungen zusammengebastelt habe, beruht auf zwei Achsen. Zunächst die historische Achse: die Alphabetisierungsquote, die politische Umwälzungen mit sich bringt, und der Geburtenrückgang, der Reaktionen hervorruft, die zu einer Desorientierung und eventuell zu Gewaltausbrüchen führen können. Eine weitere Achse würde ich die geografische und anthropologische nennen. Sie trägt der Tatsache Rechnung, dass sich die Länder auf ihrem Marsch in Richtung Modernisierung zunächst nicht einheitlich verhalten. In dieser Krise des Übergangs tauchen Ideologien mit Inhalten auf, die je nach dem anthropologischen Substrat, das heißt nach den Werten, die zuvor in der Familie herrschten, unterschiedlich ausfallen. Die Werte der Bauern im Pariser Becken zwischen dem Mittelalter und der Französischen Revolution definieren ein im Kern egalitäres System, wie ich es nenne, eine sehr individualistische Familie, die schon ganz »modern« war, das heißt Vater, Mutter und die Kinder, die das Erbe genau wie heute gleichmäßig zwischen Söhnen und Töchtern aufteilten. Die revolutionären Werte von Selbstbestimmung, Freiheit und Gleichheit herrschten in der Familie bereits vor. In der revolutionären Krise gehen sie aus diesem anthropologischen Substrat einfach in einen ideologischen Ausdruck über.

Am Rande sei darauf hingewiesen, dass dieser geradezu mechanisch erfolgende Übergang ganz im Widerspruch zu dem Gedanken steht, der in den Lehrbüchern verbreitet wird. Demnach hätten die Philosophen des 18. Jahrhunderts bahnbrechendes Zeug erfunden und den Inhalt der Französischen Revolution festgelegt.

D. Schneidermann Glauben Sie nicht an diese Rolle der Philosophen beim Ausbruch der Revolution?

E. Todd Nein. Ich glaube, die Bauern des Pariser Beckens haben die Ideologie gewählt, die ihnen gefallen hat.

D. Schneidermann Wollen Sie damit sagen, dass die damaligen Familienstrukturen vor Ort für die Ereignisse von 1789 verantwortlich waren? Und dass sie sogar Voltaire und Montesquieu hervorbrachten?

E. Todd Ja. Mir ist klar, dass alle Intellektuellen wütend reagieren, wenn man ihre Tätigkeit darauf reduziert, dass sie ganz bescheiden Denkweisen in Form brachten, die es vor ihnen schon gab. Diese Analyse galt von Anfang an als eine Beleidigung der menschlichen Freiheit. Aber das nehme ich auf mich.

Das gilt auch für England. Die englischen Revolutionen des 17. Jahrhunderts haben ein liberales, aber kein egalitäres System geschaffen. Die Engländer wollen schon ein wenig Gleichheit, aber eben nicht zu viel. Wenn man die Familie der englischen Bauern anschaut, stößt man auf eine Kernfamilie, die noch individualistischer war als die in Nordfrankreich im 18. Jahrhundert und die insbesondere keine egalitäre Erbschaftsregelung hatte.

Rückkehr zur Sendung

@si Kommen wir auf Ihren Übergang von der familiären zur öffentlichen Sphäre zurück. Wenn die Autoritätsbeziehung in der Familie erschüttert wird, kann man dann Ihrer Meinung nach daraus ableiten, dass parallel und in gleicher Weise auch die Autoritätsbeziehung in der Gesellschaft infrage gestellt wird?

E. Todd Ehrlich gesagt, begnügen wir uns nicht mit einer Ableitung: Wir stellen das fest. In den betroffenen Gesellschaften zeigen sich Anzeichen dafür, dass sie ins Schlingern geraten sind. Und diese Probleme finden wir übrigens in anderer Form begrenzt in unseren Vorstädten wieder. In ihnen waren die Eltern, die Migranten der ersten Generationen, Analphabeten, während es ihre alphabetisierten Kinder sehr häufig bis zum Abitur schaffen. Die Krise der nordafrikanischen Familien in den französischen Vorstädten ist zum Großteil mit diesem Phänomen verknüpft: Die ältere Generation hat ihre Autorität verloren, weil sie nicht lesen kann. Das ist wieder einmal ein ganz klassisches Phänomen.

Die Bremswirkung der endogamen Ehen

@si Eine dritte Variable, die Sie bei der Auseinander-
setzung mit der arabischen Welt verarbeitet haben, ist
die Rate der dortigen endogamen Ehen.

E. Todd Ja. Allgemein lautet der Gedanke, dass mit
dem Auftauchen der Bürgerdemokratie das freie
Individuum im öffentlichen Raum auftaucht. Dabei
herrscht vor allem die Vorstellung von Offenheit und
Kommunikation. Endogamie bedeutet das genaue
Gegenteil, nämlich die Abschottung der familiären
Gruppe. In diesem patrilinearen System sind die Männer besonders wichtig. Das hervorstechendste Beispiel
ist Tunesien. Es ist wirklich beruhigend, dass die revolutionäre Bewegung von Tunesien ausging. Das Land
war mit Blick auf alle Parameter das fortschrittlichste
der arabischen Welt. Die Geburtenrate lag 2005 bereits
bei zwei Kindern pro Frau und dürfte inzwischen bei
1,9, also unter der Frankreichs, liegen.

Die Jugend war mit Raten von über 90 oder 95 Prozent allgemein alphabetisiert. Trotzdem fragte man
sich mit Youssef Courbage, warum das System nicht
zusammengebrochen ist. Als Antwort machte man die
familiäre, anthropologische Besonderheit der arabischen Welt und darüber hinaus weiter Teile der mus-

limischen Welt verantwortlich: die Ehe zwischen Cousins und Cousinen, die Endogamie.

@si Damals haben Sie erklärt, dass Tunesien beim Rückgang der endogamen Ehen keinen besonderen Vorsprung habe.

E. Todd Das war weniger eine Frage des Vorsprungs als vielmehr des erreichten Grades. Tunesien hatte anfangs das gleiche Niveau wie der Standard im Zentrum der arabischen Welt, also 35 Prozent Ehen zwischen Cousinen und Cousins ersten Grades. Dies verwundert, weil das Land ziemlich weit im Westen liegt.

@si Sie haben im Verlauf der Sendung mehrmals den Ausdruck patrilinear verwendet. Können Sie ihn definieren?

E. Todd Ein System gilt als patrilinear, wenn nur der Vater anstatt beide Elternteile für die Festlegung des sozialen Status eines Kindes wichtig ist. Europäische Systeme gelten dagegen beispielsweise als bilateral. Die arabische Ehe ist der Albtraum der Anthropologen. Bevorzugt werden Heiraten zwischen den Kindern zweier Brüder, also Cousins und Cousinen ersten Grades über den Vater. Notfalls können auch andere Ehen zwischen Vettern und Basen geschlossen werden. Dass solche Ehen zur Abschottung von Gruppen führen, die auf Familienbeziehungen beruhen, leuchtet unmittelbar ein. Und dies behindert eher das Auftauchen des Bürgers im öffentlichen Raum. Man kann sich ohne viel Phantasie vorstellen, dass solche Ehen bei der Demokratisierung eine Bremswirkung entfalten.

@si Ist das auch so bei einer Endogamie, die nicht auf Familie, sondern eher auf der Geografie oder dem Beruf beruht? In der bäuerlichen Gesellschaft Frankreichs gab es auch Familien, in denen Ehen nach geografischen Gesichtspunkten geschlossen wurden. Man heiratete den Nachbarn von gegenüber. Oder den Erben eines Unternehmens oder von Ländereien, die das eigene Familienerbe abrundeten.

E. Todd Das gab es alles tatsächlich. In Adelskreisen wurden zu gewissen Zeiten sogar Vetternehen geschlossen. Aber deren Anteil lag unter den traditionellen Ehen im Abendland oder in Europa faktisch bei unter einem Prozent. Ob sie verboten oder legal waren, machte keinen Unterschied. Die Kirche hat diese Ehen verboten. Später wurden sie theoretisch möglich. Aber das änderte nichts daran, dass ihr Anteil unter einem Prozent blieb. Schauen Sie, wie beispielsweise die Dörfer in Nordfrankreich funktionierten: Die Regel war die familiäre Exogamie, sodass die Leute zum Heiraten das Dorf verlassen mussten. Die allgemeine Regel lautet, dass der Zwang zur exogamen Ehe zur geografischen Öffnung führte, insbesondere in den abendländischen Systemen, in denen Ehen zwischen Verwandten zweiten oder dritten Grades verboten waren.

Um auf das tunesische Modell zurückzukommen: Ich glaube, dass die Rate der endogamen Ehen eine gute Erklärung dafür bietet, warum der demokratische Funke erst so spät gezündet hat.

@si Aber trotzdem sind die Tunesier als Erste auf die Straße gegangen.

E. Todd Ja, aber wir hatten in der Analyse der tunesischen Verhältnisse übersehen – hier übe ich Selbstkritik –, dass die Rate der endogamen Ehen dort insgesamt zwar hoch war, aber mit jeder Generation weiter drastisch zurückging. Das gilt gegenwärtig wohl für viele arabische Gesellschaften. Wenn man in der aktuellen Phase aussagekräftige Indikatoren für eine Vorhersage haben wollte, müsste man die Geburtenraten, aber auch die Raten der endogamen Ehen in den verschiedenen Ländern verfolgen. Bei neueren Untersuchen kann man dies tun.

@si Entspricht es einer demografischen Logik, dass Ägypten beim Ausbruch der Revolution gleich nach Tunesien kam?

E. Todd Ja. Ägypten hat bei der Alphabetisierung gegenüber Tunesien einen leichten Rückstand, aber die Rate ist dennoch sehr hoch. Sie liegt deutlich über der in England, Frankreich, Russland oder dem Iran zum Zeitpunkt von deren Revolutionen. Dagegen liegt die Geburtenrate etwas über der Tunesiens. Vor einigen

Jahren lag sie noch etwas über drei Kinder pro Frau. Inzwischen ist sie den Statistiken der UNO zufolge leicht unter diesen Wert gesunken. Als besonders loyaler Koautor möchte ich betonen, dass Youssef Courbage diese Ansicht nicht ganz teilt. Nach ihm liegt sie noch immer etwas über drei. Die Streitereien unter Demografen sind furchtbar. *[Lacht.]*

Dagegen bin ich mir sicher, dass Ägypten bei der Entwicklung der Endogamie eine besonders interessante Entwicklung zeigt. Ägypten ist kein typisch arabisches Land. Mit seinen 80 Millionen Einwohnern ist es der bevölkerungsreichste und geopolitisch wichtigste arabische Staat, weicht aber bei der Endogamie als einer entscheidenden Variablen vom Standard ab. Ausgehend von 25 Prozent – das sind zehn Prozent weniger als in Saudi-Arabien oder Tunesien – ist die Endogamierate in Ägypten in den letzten 20 Jahren auf einen Wert um 15 Prozent drastisch gesunken. Bei Unterägypten ist der Rückgang noch spektakulärer. Für mich, der ich die Raten der endogamen Eheschließungen für den gesamten Erdball zu verschiedenen Epochen zusammengetragen habe, kommt das einer Kulturrevolution gleich. Schon deshalb durchläuft Ägyptens Gesellschaft, egal was dort geschieht, einen verblüffenden Wandel.

Ich sage »was dort auch geschieht«, weil es immer das Gleiche ist: Eine Revolution bricht aus, das alte System stürzt, worauf Zeiten des Chaos und der Stabilisierung folgen, und das kommt nicht alleine. Zwischen der Französischen Revolution und der Dritten

Republik gab es da auch so eine kurze Zwischenzeit mit so mancher Diktatur.

@si   So ein kleines Jahrhundert ...

E. Todd   Ja, ein kleines Jahrhundert. Meiner Meinung nach verlaufen die Dinge in den arabischen Ländern weitaus besser und schneller, alles geht auf komprimierte Weise vonstatten. Allerdings deutet der Zusammenbruch der Endogamierate in Ägypten darauf hin, dass die Gesellschaft dort einen atemberaubenden Wandel durchläuft und individualistischer und liberaler wird, unabhängig davon, welche Form das politische Regime vorübergehend annimmt.

Todd, Historiker, Demograf
oder ... Prophet?

@si Jedenfalls ist Ihre Prophezeiung, wonach die arabische Welt in die Moderne eintreten werde, in Erfüllung gegangen, wie zuvor zwei andere Prophezeiungen, die Ihre Laufbahn markierten.

E. Todd Ich versuche, bescheiden zu bleiben ...

@si Es sei daran erinnert, dass Sie schon 1979 den Zusammenbruch und die Auflösung des Sowjetreichs vorhergesagt hatten, und dies schlicht anhand der Kindersterblichkeitsrate. Und dann sagten Sie den Niedergang des Weltreichs USA voraus. Sie werden deswegen häufig als Prophet bezeichnet. Und Anfang dieses Jahres haben Sie in der belgischen Tageszeitung *Le Soir* für 2011 sogar das Ende des Euro prophezeit.

E. Todd Nein, nein, nein. Ich habe nicht von 2011 geredet.

@si War der Redakteur des Artikels ein wenig voreilig?

E. Todd Sagen wir, der Artikel gab die Dinge verkürzt wieder. Ich habe gesagt, dass ich nicht an das Überleben des Euro glaube und dass es im Jahr 2011 spannend würde. Aber ich habe nicht vorhergesagt, dass der Euro in diesem Jahr untergehen werde. Ich bin froh, dass ich das hier dementieren kann.

@si Die genaue Überschrift lautete: »Mit dem Euro ist es 2011 zu 90 Prozent vorbei.«

E. Todd 2011 ist tatsächlich das Jahr, in dem deutlich wird, dass manches nicht funktioniert. Aber ich habe nicht gesagt, dass der Euro 2011 untergeht.

Was soll ich zu meiner angeblichen prophetischen Gabe sagen? In Wahrheit glaube ich, dass es in der Geschichte als Disziplin Bestandteile gibt, die wissenschaftlich berechenbarer sind, als man meint. Ich bin ein Schüler des bedeutenden französischen Historikers Emmanuel Le Roy Ladurie und damit ein Jünger der Annales-Schule, die vermittels der Statistik, der Beobachtung bestimmter Regelmäßigkeiten, langfristige Trends analysiert. Wie Sie sehen, verweise ich immer wieder auf das, was sich vor der Englischen Revolution abgespielt hat. Ich orientiere mich beispielsweise an Lawrence Stone, dem englischen Historiker, der die Verbindungslinie zwischen Alphabetisierung und dem Ausbruch der Englischen, der Französischen und der Russischen Revolution als Erster gezogen hatte. Und etwas Weiteres zeichnet mich aus: Wenn man mit Historikern über die Gegenwart redet, zeigen sie meistens

Scharfblick. Aber wer das Handwerk des Historikers wählt, neigt auch dazu, sich aus der Gegenwart zurückzuziehen. Ich betreibe gewöhnliche Geschichte, betrachte aber auch die Gegenwart. So kommen meine Bücher zustande!

@si   Ein nettes Selbstporträt. Aber wie soll man Sie im Grunde genau definieren? Sie werden immer als Demograf vorgestellt, aber auf der Rückseite [der französischen Ausgabe] von *Rendez-vous des civilisation* stellen Sie sich anstatt als Demograf erstaunlicherweise als Historiker und Anthropologe vor.

E. Todd   Mit Demografie kenne ich mich aus. Ich habe mich viel mit historischer Demografie befasst und arbeite immerhin seit einem Vierteljahrhundert am Institut National d'Etudes Démographiques (INED). Aber wie soll ich es ausdrücken? Mein Kerngeschäft, so würde man in einem Großunternehmen sagen, also das, wofür ich ursprünglich ausgebildet bin, ist tatsächlich die Geschichte. Ich habe ein gewaltiges Maß an Anthropologie getrieben, allerdings keine Feldanthropologie. Wahrscheinlich habe ich mehr anthropologische Monografien gelesen als die meisten Anthropologen. Ich gebe einen Überblick über die Anthropologie. Im Grunde bin ich also Historiker mit einer breit gefächerten Kompetenz in Anthropologie.

Das bedeutet, dass ich verstehe, dass man leicht den Überblick verliert. Mein ältester Sohn hat mir zu Hause einmal spöttisch eine Nachricht hinterlassen: »*Jemand*

hat Emmanuel Todd angerufen, Historiker, Anthro-
pologe, Wirtschaftswissenschaftler, Metzger, Schlachter.« Sehen Sie! Das einzige Etikett, das mir nicht passt, ist Philosoph. Der Rest stört mich nicht.

Frankreich ist nirgendwo bedroht!

@si Um Ihre prophetischen Fähigkeiten etwas auf die Probe zu stellen, wollen wir Sie nach ein paar Ländern fragen, in denen die revolutionäre Bewegung im Augenblick noch nicht die Breite erreicht hat wie in Tunesien oder Ägypten: Zunächst nach dem französischsprachigen Maghreb, also nach Algerien und Marokko. Wie sehen Sie die Dinge dort?

E. Todd In Algerien und in Marokko liegen die Geburtenraten ein wenig höher [als in Tunesien], bei 2,3 oder 2,4 ... Algerien dürfte ungefähr so stark alphabetisiert sein wie Tunesien, Marokko etwas weniger. Aber alle bilden beim Entwicklungsstand eine Gemeinschaft, die mit ihrer Beziehung zu Frankreich zu tun hat. Darüber müssen wir reden! Die Leute, die uns mit Debatten über den Islam in Frankreich nerven, haben eine große Zwangsvorstellung: Angeblich seien die inneren Gleichgewichte der französischen Gesellschaft durch den Islam bedroht usw. Für die Historiker sieht die Wirklichkeit so aus, dass Frankreich nirgendwo bedroht ist. Frankreich ist vielmehr übermächtig, weil es technologisch weit voraus ist. Und zur Realität gehört auch, dass die französische Kultur einen enormen Einfluss auf den Maghreb ausübt. Der kulturelle Einfluss Frankreichs ist dort beträchtlich.

@si Historisch gesehen ist das zweifellos so. Aber gilt das Ihrer Ansicht nach noch heute?

E. Todd Historisch gesehen, würde der Maghreb erobert und dann entkolonialisiert. Aber letztlich hat die politische Kontrolle Frankreichs über Länder wie Marokko und Tunesien doch nur ganz kurz gedauert. Dagegen stellte sich eine Art Bindung ein, durch die nach dem Ende der Kolonialära Gesellschaften entstanden, in denen die Zweisprachigkeit auf dem Vormarsch war, zumindest in der Mittelschicht mit einem ständigen Personenverkehr zwischen den beiden Ufern des Mittelmeeres.

@si Sie meinen, dass Migranten eingewandert sind und in den Ferien oder als Ruheständler in ihre Herkunftsländer zurückkehrten?

E. Todd Ja, ein ständiger Austausch aus der Nähe. Das Französische hat zwischen den beiden anthropologisch ganz unterschiedlichen Welten eine Art Kulturgemeinschaft geschmiedet. Das verschaffte dem Maghreb innerhalb der arabischen Welt eine Sonderstellung. Von Tunesien abgesehen, war er bei der Alphabetisierung eher im Rückstand. Er liegt am Rand der arabischen Welt. Die am stärksten alphabetisierten Länder dort sind Syrien und Jordanien. Das galt auch für Palästina, ehe es durch die Besatzung destabilisiert wurde. Frankreichs Einfluss hat trotz des Rückstands bei der Alphabetisierung zu gewaltigen demografischen Fortschritten geführt. Wenn man vom Libanon mit seiner Sonderstellung absieht, ist die Schwelle der drei Kinder pro Frau erstmals in denjenigen Ländern unterschritten worden, die in kulturellem Kontakt zu Frankreich standen. In einer patrilinearen Gesellschaft ist das eine kritische Schwelle, denn sie bedeutet, dass viele darauf verzichten müssen, einen Sohn zu bekommen.

@si   In welcher Zeit hat dieser atypische Geburtenrückgang eingesetzt?

E. Todd   In jüngerer Zeit: ab 1965 in Tunesien, ab 1975 in Marokko und ab 1985 in Algerien.

@si   Also nach dem Ende der Kolonialära?

E. Todd   Absolut. Als alle dachten, zwischen Frankreich und dem Maghreb sei es vorbei, fing es erst so richtig an. Und es geht weiter, und deutlich schneller.

@si   Diese Beziehungen zu Frankreich sind bei den drei Ländern des Maghreb also ein gemeinsamer Faktor? Aber was unterscheidet diese drei Länder voneinander?

Algerien, eine etwas amorphe Gesellschaft

E. Todd   Algerien hat eine deutlich komplizertere und schwierigere Geschichte. Zunächst kam es dort zu der Episode der islamistischen Krise. Diese stand in Verbindung mit dem Anstieg der Alphabetisierungsraten und einem drastischen Geburtenrückgang. So eine Entwicklung verläuft sehr oft eben nicht harmonisch, sondern als eine Krisenerscheinung. In Algerien kam die Krise stark verfrüht. Sie verlief sehr gewalttätig, ganz unnötig, und wurde sehr schlecht bewältigt.

@si   Wie hängen die islamistische Krise, die Geburtenrate und die Alphabetisierung zusammen?

E. Todd   Man darf sich nicht der Vorstellung hingeben, dass der Übergang friedlich verläuft. In Tunesien und Ägypten verlief er eher glimpflich, aber Libyen zeigt, dass Übergänge eben nicht immer friedlich sind. Ich habe eben von Gesellschaften geredet, in denen die Söhne, nicht aber die Väter lesen können, in denen sich die Sexualmoral verändert hat usw. Es sind Gesellschaften, die zwar auf dem Weg zum Fortschritt sind, deren Wirtschaftskraft wächst und in denen alles möglich ist, aber sie sind auch verstört, geraten sehr häufig aus den Fugen, erleben Gewaltausbrüche und folglich die klassischen Erscheinungen, die ich die Krisen des Übergangs nenne. Diese Übergangsphase durchläuft eine Gesellschaft äußerst selten unbeschadet. Die Französische Revolution stellt sich aus heutiger Sicht als großartig dar, aber wenn man die Massaker des Aufstands der Vendée und die Revolutionskriege dazurechnet, ergibt sich eine Bilanz von einer Million Toten.

Natürlich existiert Algerien als Nation, aber es ist eine junge Nation. Und meiner Meinung nach ist diese Nation durch den Unabhängigkeitskrieg entstanden. Tatsächlich ist dort wenig vorhanden: Es gibt Städte, die häufig von den Franzosen gegründet wurden. Die Gesellschaft ist etwas amorph, ja vielleicht sogar anomisch [ohne soziale Normen]. Irgendwie herrschte eine innere Labilität, die diese Gewaltausbrüche, dieses Abgleiten ins Chaos erklärt. Es ist durchaus vorstellbar, dass sich Algerien mit dem guten Beispiel Tunesien vor Augen wieder auf den Weg einer friedlicheren Demokratisierung begibt … Na ja! Man weiß es nicht.

Marokko ist anders: Das Land hat eine echte Geschichte. Man muss sich nur umschauen, überall historische Monumente im Land, imperiale Städte. Hier herrscht eine Monarchie, und bei der Entwicklung, auf die man hoffen kann, muss ich die Anhänger des kompletten Neubeginns enttäuschen: Die unausweichliche Demokratisierung wird zu einer konstitutionellen Monarchie führen. Marokko ist bei der Alphabetisierung noch weit im Rückstand. Wenn seine Machthaber den Gedanken akzeptieren, dass sich das Land demokratisiert und in Richtung konstitutionelle Monarchie entwickelt, verläuft der Wandel gut. Falls nicht, eher schlecht. Aber Wandel wird es geben.

Um auf Algerien zurückzukommen: Die Krise des Übergangs könnte hier vielleicht sogar schon stattgefunden haben, zunächst in einer negativen, zunächst gescheiterten Form.

@si Das heißt?

E. Todd Ich denke an die Zeit der FIS[3]. Im Übrigen wäre eine solche Entwicklung logisch. Algerien ist ja das Land, in dem der wechselseitige Austausch mit Frankreich am stärksten ausgeprägt ist.

@si Schauen wir uns weiter in der arabischen Welt um. Können Sie auch eine Prognose zur politischen Entwicklung in den Golfstaaten geben?

E. Todd Sie sind ganz unterschiedlich. Hier gibt es nur Sonderfälle.

@si Können Sie überhaupt nichts Gemeinsames entdecken?

---

3 Die Front Islamique du Salut, die Islamische Heilsfront. Bei den ersten freien Parlamentswahlen 1991 zeichnete sich ein deutlicher Sieg der FIS ab. Daraufhin brach das Militär das Wahlverfahren ab. Im Anschluss kam es zu zahlreichen Morden, für die sich die FIS und der algerische Geheimdienst gegenseitig verantwortlich machten.

E. Todd Das ist sehr kompliziert. Bei den Emiraten am Golf ist man mit dem Problem konfrontiert, dass die Bevölkerung aus sehr vielen Arbeitsmigranten besteht. Aber der Fall Bahrein stimmt mit dem Modell überein. In diesem Land ist die Geburtenrate bei der einheimischen Bevölkerung am schnellsten zurückgegangen.

@si Bei den Emiraten stellt sich insbesondere die Frage, welche Rolle die Ölrente beim Prozess der Modernisierung spielt. Sie heben immer wieder auf deren Bremswirkung ab.

E. Todd Stoßen wir gleich zum Kern des Problems vor: Saudi-Arabien. Wenn man die Entwicklung bei den Indikatoren Alphabetisierung und Geburtenrate nimmt, unterscheidet sich dieses Land gar nicht so sehr von den meisten arabischen Ländern. Die Geburtenrate dürfte jetzt bei etwas über drei Kinder pro Frau liegen. In Libyen dürfte sie bei 2,7 liegen. Hier ist die kritische Schwelle also unterschritten worden, und dazu passen auch die Alphabetisierungsraten. Aber in Ländern mit einer Ölrente ist der Staat wegen seiner Ressourcen von seiner Bevölkerung nicht wirklich abhängig. Das Geld fließt ja nicht durch Steuern herein. Und dabei fangen Revolutionen häufig damit an, dass die Leute sich weigern, ihre Steuern zu zahlen. Im Allgemeinen sind Staaten, die über keine Rente wie die durch Öl verfügen, für ihr Überleben sehr stark von ihrer Bevölkerung abhängig. Ein Land mit einer Ölrente bezieht sein Geld von der Spitze her. Unabhängig von seiner Bevölkerung kann es sich alle Waffen oder Söldner leisten, die es haben will. Und es kann einen Unterdrückungsapparat aufbauen, über den die Bevölkerung keinerlei Kontrolle hat.

Dies zeigt sich augenblicklich in Libyen. Dass das Regime Gaddafi noch immer wütet und Leute umbringt, hat seinen Grund darin, dass es sich dank der Ölrente Söldner leisten kann. Hier hat man es also mit einer Bevölkerung zu tun, die ihren Wandel hinter sich gebracht hat und die gegen eine Art Kern rebelliert. Von einem Staatsapparat mag man nicht reden. Das ist eher eine Bande Verrückter, die sich auf eine Art Söldnerheer stützt, das sie mit den Öleinnahmen gekauft hat. Länder mit einer Ölrente können eine Kontrolle von oben her ausüben, wie sie anderswo nicht möglich ist.

Mit dem Islam fangen Demografen nichts an – wie mit keiner Religion

@si Ein Wort ist seit Beginn der Sendung seltsamerweise kaum gefallen, obwohl es doch um die arabischen Revolutionen geht: das Wort Islam. Mit dem Islam befassen wir uns vor dem Hintergrund der Aufnahme Ihres Buchs beim Erscheinen 2007. Zunächst einmal haben wir den Eindruck, dass sich die Medien mit ihm weniger auseinandergesetzt haben als mit Ihren anderen Büchern ...

E. Todd Aber verkauft hat es sich sehr gut!

@si So gut wie *Après l'Empire* (dt.: *Weltmacht USA. Ein Nachruf*)? In ihm hatten Sie 2002 den Niedergang der USA vorhergesagt.

E. Todd So gut wie *Après l'Empire* natürlich nicht. Denn da hatte ich ja einen PR-Agenten namens George Bush. *[Lacht.]*

@si Wir haben mal im Fernseharchiv recherchiert: Was die traditionellen Anstalten angeht, hat man Sie nur in eine einzige wichtige Sendung eingeladen: in die von Guillaume Durand in France 2 ...

E. Todd Das war die, in der ich auf Alain Finkielkraut gestoßen bin ... Eine eindrückliche Erinnerung ...

@si Richtig. Es war kein Zufall, dass man Sie als Gegenpol zu Finkielkraut eingeladen hat. Er hatte seit einigen Jahren in der Öffentlichkeit lautstark mit obsessiver Kritik, insbesondere am Islamismus, von sich reden gemacht. Erinnern wir an den Hintergrund: Als Sie das Buch 2007 veröffentlichten, erschien es als Reaktion auf Samuel Huntingtons berühmten *Kampf der Kulturen,* und als Widerlegung ...

E. Todd Ganz genau!

@si Bis hin zum Titel. Sie nannten es *Le rendez-vous des civilisations* [wörtlich: *Die Begegnung der Kulturen].* Huntingtons Kernthema ist ja der unvermeidliche Konflikt des Islam mit dem christlichen Abendland. Sie erwidern darauf, dass es eben keinen Zusammenprall, sondern vielmehr ein Rendezvous geben werde. Und das habe schon begonnen: Der Marsch in die Moderne gehe in eine Richtung. Welche Rolle der Islam in diesen arabischen Gesellschaften spielt, ist in Ihrem Buch nicht das Hauptthema, aber Ihre Position ist hier völlig klar. Was antworten Sie all denen, die wie Finkielkraut der Ansicht sind, dass der Islam die Modernisierung der Gesellschaft behindere? Weisen Sie diese Hypothese klar zurück? Sehen Sie den Islam sogar als beschleunigenden Faktor auf dem Weg in die Moderne?

Oder halten Sie das Thema für zweitrangig und einer ausführlichen Antwort nicht wert?

E. Todd   O.k. Ich versuche die Sache etwas genauer darzustellen: Wir haben muslimische Länder bis hinein nach Indonesien und Schwarzafrika zusammen untersucht und uns gefragt, ob die Variable der Religion für Demografen wichtig ist, wenn sie zum Beispiel nachvollziehen wollen, wie schnell sich ein Geburtenrückgang vollzieht. Kann man die Dinge mit der religiösen Variablen erklären?

@si   Und wie lautet Ihre Antwort?

E. Todd   Sie fällt zwiespältig aus. Demografen können mit dem Islam als Religion allgemein nichts anfangen, verglichen mit anderen Faktoren wie der Größenordnung, in der es endogame Ehen gibt, oder der patrilinearen Struktur. All diese Faktoren sind nicht grundlegend mit dem Islam verbunden. Dagegen erklärt der Zusammenbruch des religiösen Glaubens, des muslimischen oder eines anderen, notwendig den Geburtenrückgang. Man hat noch nirgendwo beobachtet, dass die Geburtenrate auf zwei Kinder pro Frau absinkt, ohne dass zuvor der religiöse Glaube zusammengebrochen ist. So zeigt für mich die Tatsache, dass die Geburtenrate in einem Land wie dem Iran bei zwei liegt, dass die iranische Frage schon keine religiöse mehr, sondern vielleicht eine nationalistische Frage ist. Der Iran ist wahrscheinlich schon in eine Phase der

Entislamisierung eingetreten, auch wenn man das nicht erwarten würde.

Dagegen ist innerhalb des Islam der Unterschied zwischen der sunnitischen und der schiitischen Tradition wichtig, wenn man erklären will, wie schnell sich der Wandel jeweils vollzieht. Der Unterschied zwischen Katholiken und Protestanten hatte im christlichen Europa ja auch eine wichtige Rolle gespielt.

Das Schiitentum beschleunigt beispielsweise das Tempo des Wandels. Deswegen erfolgte die Iranische Revolution 1979 vor den anderen, um auf sie zurückzukommen. Und auch in Bahrein verläuft der Wandel schneller als in den Nachbarländern. Aber damit will ich nicht behaupten, das Schiitentum sei eine Linksreligion.

@si   O doch! So haben Sie es formuliert ...

E. Todd   O.k. Ich gebe es zu: Ich hatte etwas getrunken. *[Lacht.]* Aber in der schiitischen Weltsicht gibt es zwei grundlegende Dinge: dass die Welt ungerecht ist. Das erscheint schon als gute Voraussetzung ...

@si   ... für eine Linksposition ...

E. Todd   ... und kann Lust auf Veränderung wecken! Und zweitens: Im Schiitentum ist die Diskussion um die Schriften, um die Auslegung der Schriften wichtig.

@si Dann ist Ihnen zufolge die Unterscheidung zwischen Schiitentum und Sunnitentum also wichtiger, als den Islam als solchen in Betracht zu ziehen. War Ihr Buch insofern auch eine Art Reaktion auf das islamfeindliche ideologische Klima, in dem es entstanden ist?

E. Todd Allerdings! Das Buch war im Grunde so etwas wie eine staatsbürgerliche Einmischung. Hinter ihm steckte durchaus eine Absicht. Eine wissenschaftliche, aber auch staatsbürgerliche.

@si Hinter Ihnen war soeben ein Titelblatt der politischen Wochenzeitschrift *Le Point* zum Thema der arabischen Revolutionen eingeblendet. Der Titel lautete: *Das Gespenst des Islamismus.* Wenn von »ideologischer und medialer Stimmungsmache« die Rede ist, sind solche Veröffentlichungen gemeint.

E. Todd Das Klima, in dem wir leben, ist erschreckend. Das Problem ist doch nicht der Islam. Diese Religion ist sehr vielfältig. Die indonesische Gesellschaft hat beispielsweise tendenziell eine matrilineare Ausrichtung. In den Verwandtschaftsbeziehungen dominieren dort die Frauen. Trotzdem ist Indonesien ein muslimisches Land. Die Patrilinearität setzte sich im Mittleren Osten schrittweise im 3. und 2. Jahrtausend vor unserer Zeitrechnung durch, also Jahrtausende vor dem Islam. Der Islam hat sich die schon existierenden familiären Bräuche einfach einverleibt. Vielleicht hat der Islam die Patrilinearität nach Nordafrika, in den Westen getragen, also ein wenig das verbreitet, was im Mittleren Osten schon vorher existierte, aber eben nur das. Bei den Veränderungen in der Familie ist der Islam übrigens so, wie ihn Mohammed gedacht hat, völlig gescheitert.

@si Was heißt das?

E. Todd Mohammeds Neuerung im Erbrecht bestand ja darin, dass er den Frauen mehr Rechte zugebilligt und ihnen die Hälfte von dem zugesprochen hat, was ihre Brüder bekamen. Diese Regelung widersprach dem traditionellen patrilinearen System. Der Vorstoß ist komplett gescheitert. Der Islam breitete sich aus, aber wenn man die ländlichen Gemeinschaften in der ganzen arabischen Welt und über sie hinaus untersucht, dann zeigt sich, dass die Erbregelungen des Korans bei den Muslimen des Mittleren Ostens häufig eben nicht umgesetzt werden. Deshalb ist es völlig lächerlich, wenn sich Figuren in Frankreich darüber ereifern, dass der Koran mit der Französischen Republik angeblich inkompatibel sei. Der Koran wird in den arabischen Ländern ja gerade bei den Elementen nicht respektiert, die sich ins bürgerliche Recht Frankreichs einfügen würden.

@si Schrecken und Spaß beiseite, wie erklären Sie sich diese Polarisierung in der Diskussion in Frankreich über den Islam?

E. Todd Wir leben in einer kranken Gesellschaft. Dass sich Leute ständig über Probleme aufregen und wieder aufregen, die es überhaupt nicht gibt, das kennt man doch sehr gut aus psychiatrischen Anstalten …

@si Heißt das, es gibt keine »demografische« Erklärung für diese Aufregung im Westen? Gibt es nur eine psychiatrische Erklärung?

Die Krise des Westens ist eine der Alten

E. Todd Sagen wir, dass wir, die Bürger des Westens, beim Entwicklungsstand, den Sekundar- und höheren Abschlüssen weiter sind, aber wir sind in eine Phase der Stagnation und Alterung eingetreten. Zunächst einmal verharrt der Anteil der Jungen mit allgemeiner Hochschulreife seit ungefähr 1995 auf gleichem Niveau bei ungefähr einem Drittel in den Kohorten der Jungen. Und dann machen sich die Auswirkungen des Geburtenrückgangs bemerkbar, sogar in Frankreich mit zwei Kindern pro Frau: Auf Dauer führt das zu deutlich überalterten Gesellschaften, in denen es keinerlei Religiosität, keine Perspektive mehr gibt. Gesellschaften in der Krise.

Die Krise des Westens ist etwas sehr Besonderes, weil sie eine der Alten ist. Ich spreche für mich. Ich werde in diesem Jahr 60 … Wir sind alle ein wenig verbraucht. In einem alternden Land hat die Krise einen besonderen Aspekt: Alte in der Krise gehen nicht auf die Straße, um ihre Beschwerden zu äußern. Und den Jungen fehlt die kritische Masse, um die Verhältnisse umzukrempeln. Also leben wir in Gesellschaften, in denen der Lebensstandard schon sinkt und in denen die Leute nicht wissen, wohin die Reise geht. Zudem sind unsere Gesellschaften im Innersten ziemlich desorientiert, weil ihnen längst der religiöse Glaube abhandengekommen ist. Vorsicht! Auch wenn es schon etwas platt klingt, irgendwie haben wir ein kleines Problem mit dem Sinn des Lebens.

@si Ein Problem, das schon lange schwelt …

E. Todd Ja, aber solange es noch Leute gibt, die an etwas Unbewiesenes glauben und die man als naiv bezeichnen kann, können sich die starken Geister als die Clevereren fühlen. Ich denke hier an Areligiöse, die da schreien: »Herrje, da glaubt einer an Gott, der Ärmste. Er hat nicht kapiert, dass das Leben keinen Sinn hat!« Aber in einer Gesellschaft, in der keiner mehr glaubt, ist man eben allein in seiner Ecke auf die Fragen zurückgeworfen: »Wer bin ich? Wohin gehe ich? Wie irre ich umher? usw.«

Da muss dann der Islam als Sündenbock herhalten. Bis 1965 gab es noch ausreichend Katholiken, die man als rückständig bezeichnen konnte. Und da jetzt kaum noch welche greifbar sind, die für uns die Schmach tragen, an etwas nicht zu Beweisendes zu glauben, schwupps, greift man zum Islam! Achtung: Ich bin auch nichtreligiös. Ich glaube an gar nichts!

@si Wir sind also ein Land aus Alten, haben Sie gesagt, aber im Augenblick ist doch ein Babyboom zu verzeichnen, wie man ihn seit Langem nicht mehr erlebt hat. Nach den 70er-Jahren bringen die Frauen wieder reichlich Kinder zur Welt …

E. Todd Nein. Wenn man die Fruchtbarkeitsrate, also die Anzahl der Kinder betrachtet, die die Frauen zur Welt bringen und die sich am Ende ihrer fruchtbaren Zeit berechnen lassen, dann nimmt Frankreich in Europa eine Sonderstellung ein: Dieses Land hat den Geburtenrückgang am besten überstanden, steht aber am Ende nach wie vor bei einer Fertilitätsrate von zwei Kindern. Zwei Kinder sind keine Riesenzahl, und sie verhindern vor allem nicht, dass die Gesellschaft überaltert. Außerdem ist wohl ein Teil von Frankreichs Problem die europäische Umgebung, weil ein Land wie Deutschland mit seiner Fertilitätsrate von 1,4 Kindern pro Frau im überalterten Europa dominiert. Die Franzosen würden sich vielleicht etwas besser fühlen, wenn sie nicht gerade in Europa lebten.

@si Diese Annahme passt zu Ihrem zuweilen provokanten Stil. Kommen wir an dem Punkt auf ein paar Passagen aus Ihrem Buch zu sprechen, die einen zusammenzucken lassen können. Da ist zum Beispiel eine Stelle zu den endogamen Heiraten. Durch die Endogamie, sagen Sie, »werden die komplizierten zwischenmenschlichen Beziehungen, die eine weitläufige Familienstruktur mit sich bringt, offenbar entschärft. Die Schwiegertochter ist keine Fremde, die sich – wie in allen exogamen Familien – der Schwiegermutter unterordnen muss und im Extremfall von ihr schikaniert oder – wie im russischen Modell – vom Schwiegervater vergewaltigt wird. Vielmehr tritt sie nach der

Heirat als Nichte in die Familie der Schwiegereltern ein, mit der sie schon seit ihrer Geburt vertraut ist. Dies ist ein äußerst resistentes abgeschlossenes und herzliches System.« Ist diese Sicht vom endogamen Heiratsmodell nicht etwas idealisiert? Gehört es nicht auch zum endogamen Modell, ab und zu eine Frau zur Ehe mit ihrem Cousin zu zwingen? Gehört die Zwangsheirat nicht dazu?

E. Todd   Sehen Sie es, wie Sie wollen! Allgemein: Wenn man Anthropologie betreibt, urteilt man nicht. Es geht darum zu erklären. Also in dieser Passage ….

@si   Aber Sie urteilen doch! Sie schreiben: »ein äußerst resistentes abgeschlossenes und herzliches System.« Das ist doch positiv!

E. Todd   Das war ja nicht meine Meinung …

@si   Sie haben es geschrieben!

E. Todd   Sagen wir, damit wollte ich die Haltung der Leute, nicht meine eigene zusammenfassen.

@si   Mag sein. Aber beim Lesen ist das nicht klar geworden.

E. Todd   Genau. Meine persönliche Politik ist eine besonders radikale kulturelle Exogamie. Für mich ist Endogamie eine Horrorvision. Aber ich erkläre es trotzdem. In einigen Ländern wie Russland oder China war das ursprüngliche Familiensystem wie das arabische patrilinear organisiert und baute auf der ungeteilten Großfamilie auf: Vater, seine Söhne, die Kinder der Söhne usw. Der Aufbau der russischen oder der chinesischen Familie entspricht, wenn man die Ehe außer Acht lässt, dem der arabischen Familie. Mit dem einen Unterschied: In der russischen Familie darf man nach außen heiraten. Folglich werden die Frauen wie Pakete zwischen den Familien ausgetauscht. Und en gros verhält es sich auch im chinesischen System so, auch wenn hier acht bis zehn Prozent nicht partrilineare Ehen zwischen Cousinen und Cousins toleriert werden. (Ich verzichte auf Details.) Tatsächlich versuche ich zu verstehen, warum sich in Russland und China in der Phase des Übergangs, unter dem Kommunismus, die traditionelle Familie als ein Albtraum darstellt, woher diese außergewöhnlich gewalttätige Reaktion kommt, die auf eine unglaubliche Strenge und Brutalität in den innerfamiliären Beziehungen hindeutet. (Die Spannungen in den Phasen des Übergangs entluden sich in diesen Ländern ja in kommunistischen Gewaltausbrüchen vor einer Demokratisierung, die in Russland einigermaßen stattgefunden hat und von der man hoffen darf, dass sie am Ende auch in China stattfinden wird). Wenn ich vom Schwiegervater rede, der in der russischen Familie mit seiner Schwiegertochter schläft, ist das der Stoff der Volkserzählungen.

Wenn man umgekehrt Monografien von Feldanthropologen in der arabischen Welt oder in Ländern mit patrilinearen Familiensystemen und Vetternehen liest, stellte man empirisch fest, dass die Menschen diese Systeme als herzlich und nicht als feindselig empfinden.

@si Außer vielleicht, nochmals, Töchter, die sich nicht zwangsverheiraten lassen wollen.

E. Todd Aber vor dem Hintergrund einer patrilinearen Gesellschaft bietet die endogame Ehe durchaus einen Schutz. In arabischen Ländern sind beispielsweise Kindermorde an weiblichen Säuglingen vollkommen unbekannt. Die Frauen sind in einem demografischen Sinn geschützt. Wir können uns natürlich nur schwer vorstellen, wie sich eine junge Ehefrau in einem patrilinearen System fühlt. Es ist klar, dass uns so eine Lage erspart bleibt. Aber im russischen oder im chinesischen System werden Mädchen in eine unbekannte Familie verfrachtet, als ein kleines, entwurzeltes Ding, das alle schikanieren und das erst dann ernst genommen wird, wenn es ein oder zwei Kinder, möglichst einen Sohn, zur Welt gebracht hat. Und dann wird aus dem Ding eine fürchterliche Matrone, die wie zur Strafe ihrerseits Schwiegertöchter terrorisiert. Diese Stelle in dem Buch besagt doch bloß eines: Wer als Nichte des Familienoberhaupts in eine Familie eintritt, ist deutlich ein Opfer von Unterdrückung, erlebt dies aber weniger schmerzlich, mehr nicht.

Wenn man übrigens in die Details geht, stellt man fest, dass in diesen Systemen eigentlich keiner die Macht hat, nicht einmal die Männer. Das russische und das chinesische System sind autoritäre Familiensysteme. Der Vater ist der Boss, die zu fleisch gewordene Autorität. Aber im System der traditionellen arabischen Familie besteht die Autorität des Familienoberhaupts durch die favorisierte Heirat zwischen patrilinearen Cousins und Cousinen faktisch nur als eine Fiktion. Das System ist sehr autoritär, aber im Idealmodell hat der Mann ein Anrecht auf die Tochter seines Onkels, und falls der Vater seine Tochter anderweitig verheiraten will – ich rede eher von der Vergangenheit als von der Gegenwart –, muss er mit seinem Neffen eine Entschädigung aushandeln. Das System orientiert sich sehr an Regeln mit einer starken Autorität, die aber nicht an einer Person festgemacht ist.

@si Ist es dann Ihrer Meinung nach deutlich weniger patriarchalisch ausgerichtet als das russische und das chinesische System?

E. Todd Nein, es ist genauso patrilinear und patriarchalisch. In meinen Modellen habe ich immer eine Verbindungslinie zwischen dem Vaterbild und dem Bild Gottes gezogen. Ein furchtbar autoritäres Familiensystem erzeugt das Bild eines schrecklich autoritären und verhassten Gottvaters, und das führt dann zu der erbittert atheistischen Seite der kommunistischen Revolutionen. Dagegen findet man in einem arabischen System, in dem der Vater eine Scheinautorität verkörpert, diese Vision des barmherzigen Gottes, der faktisch weniger streng, sondern eher sympathisch und abstrakt, deutlich abstrakt ist …

Russland auf dem Weg zur Demokratie

@si   Da wir von China reden: Für wann ist in China eine Revolution zu erwarten?

E. Todd   Die Demokratisierung begann in Form einer gewaltsamen Revolution mit jeder Art wahnwitziger Exzesse. Die Alphabetisierungsraten stiegen am Vorabend der Chinesischen Revolution, am Ende der 40er-Jahre. Es gab sämtliche Wirren, folglich haben wir es mit einem Modell zu tun, in dem in einer revolutionären Übergangsphase die Geburtenrate beschleunigt zurückgeht.

China ist von größter Bedeutung, weil es die Frage aufwirft, ob am Ende universell eine Demokratie herauskommt, nicht unbedingt eine liberale, aber eine mit dem Freiheitsgedanken. Nehmen wir den Fall Russland. Die gestiegene Alphabetisierungsrate führte zu einer Krise der politischen Macht, die Zarenherrschaft brach zusammen, woraufhin eine äußerst gewalttätige Krise die Kommunisten an die Macht brachte. Wie ich bereits sagte: Man kann den Kommunismus als politische Widerspiegelung der Familienstruktur der russischen Volksmassen erklären, sehr autoritär, egalitär usw. Aber nach der Krise des Übergangs, nach dem Zusammenbruch des Kommunismus, entstand so etwas wie eine Demokratie. Ich weiß, dass die Tageszeitung *Le Monde* viel Energie darauf verwendet darzulegen, dass das gegenwärtige Russland noch schlimmer sei das zur Zeit des Kommunismus. Ich weiß das noch, weil ich in der Zeit des Kommunismus bei dem Blatt gearbeitet habe. Damals durfte Russland nicht kritisiert werden. Und jetzt, seit den Bemühungen, nach dem Schritt in die richtige Richtung, soll alles vorbei sein …

@si Ist Russland Ihrer Meinung nach auf einem demokratischen Weg? Diese Feststellung müsste man diskutieren, wenn sie Hauptthema dieses Gesprächs wäre …

E. Todd Was China angeht, so handelt es sich um ein Land, das das Stadium der Marktwirtschaft erreicht hat. Verglichen mit dem Wahnsinn des Maoismus bewegt sich das chinesische System trotz allem gegenwärtig in die richtige Richtung, auch wenn das Endstadium, die Einführung eines Systems mit Wahlen, noch nicht erreicht ist. Das alles wirft eine wichtige theoretische Frage auf: Sind diese Entwicklungen eine Bestätigung oder eine Widerlegung der Hypothese, wonach die Demokratie universell sei? Ich meine, man kann doch davon ausgehen, dass China irgendwo da steht, wo die europäischen Länder im 19. Jahrhundert oder zu Anfang des 20. Jahrhunderts standen, mit demokratischen Vorstößen, die noch nicht ans Ziel gelangt sind. Ich erlaube mir daran zu erinnern, wo die Deutschen zwischen 1933 und 1945 gestanden haben. Sie lebten noch nicht in einem System der Wettbewerbsdemokratie!

Vielleicht sind wir zu anspruchsvoll. Vielleicht haben wir vergessen, wie lange der Übergang in Europa gedauert hat. Bei China und der arabischen Welt sind wir vielleicht mit Intoleranz geschlagen und vergessen, dass diese ganzen Prozesse in Europa Jahrhunderte in Anspruch nahmen. Heute sind wir in der Position, anderen Belehrungen zu erteilen, aber ich sage es noch mal: In Deutschland hat der Übergang den Naziterror hervorgebracht! Vielleicht muss man einfach Geduld haben und abwarten. Chinas Problem ist nicht die Ölrente, sondern eine bizarre Erscheinung in der Entwicklung des Landes, etwas wirklich Autoritäres in der chinesischen Familie, eine höchst autoritäre Dimension, die sogar zu Rückschritten auf kulturellem Gebiet führt, zum Beispiel bei der Geschlechterverteilung. Ich habe vorhin gesagt, dass in der arabischen Welt der selektive Kindermord bei Säuglingen unbekannt ist. Ebenso unbekannt sind selektive Schwangerschaftsabbrüche, obwohl es Ultraschalluntersuchungen inzwischen möglich machen, weibliche Föten gezielt loszuwerden. Dagegen führte der demografische Wandel in China unter anderem dazu, dass sich der Männeranteil in der Bevölkerung massiv erhöht hat. Als eine Perversion der Moderne hat die Einflussnahme auf die Geschlechterverteilung, das heißt die gezielte Abtreibung von weiblichen Föten, in China stark zugenommen. Es gibt also begründete Zweifel daran, dass China wirklich in der Moderne angekommen ist. Hier wären Untersuchungen angesagt, aber die Leute haben sich offenbar so sehr darauf eingeschossen, dass in der arabischen Welt eine Modernisierung unmöglich sei, dass sie erst gar nicht die Frage stellen, ob denn China real in der Moderne angekommen ist.

Außerdem wird die Weiterentwicklung der chinesischen Gesellschaft durch die Globalisierung tiefgreifend gestört. Es ist doch deutlich sichtbar, dass das nach außen gerichtete Entwicklungsmodell Chinas mit einer Wirtschaft, in der 40 Prozent des Bruttoinlandsprodukts durch den Außenhandel erzielt werden, den normalen historischen Ablauf verzerrt. Man meint immer, der steigende Lebensstandard in China müsse die Demokratie befördern, fragt sich aber nie, ob die Ursache für diesen Anstieg, der Export, den die chinesische kommunistische Partei kontrolliert, die Entwicklung des Landes zur Demokratie nicht grundlegend behindert.

@si   Um diese weltweite Umschau zu beenden: Haben Sie sich auch für Schwarzafrika interessiert?

E. Todd   Das sind die Nächsten auf der Liste. Afrika wird die letzte Weltregion sein, die sich alphabetisiert und einen demografischen Wandel vollzieht. Aber hier hat der Prozess erst begonnen. Wie üblich deuten die Leute die ersten gewaltsamen Krisen des Übergangs fehl und wollen in ihnen Rückschritte erkennen. Aber die Gewalt, die in Nigeria oder in der Elfenbeinküste zu verzeichnen ist, hängt mit gestiegenen Alphabetisierungsraten zusammen. Der Völkermord in Ruanda hatte ebenfalls mit dieser Entwicklung zu tun …

@si Können Sie das genauer ausführen?

E. Todd Ruanda ist ein sehr leistungsfähiges Land mit Familienstrukturen, die durchaus an Deutschland erinnern.

@si Ausgerechnet Deutschland! Inwiefern?

E. Todd Weil in beiden Fällen nicht egalitäre Systeme herrschten, die Menschen als ungleich erscheinen lassen. Und die sind in den Krisen des Übergangs ein guter Nährboden für Versuche, ganze Völker zu ermorden. So ist das! Während man sich jetzt also darüber wundert, dass die arabische Welt doch in die Moderne eintritt, erwarte ich für demnächst eine Diskussion über die angebliche Unfähigkeit Afrikas, in die Moderne einzutreten.

@si Das wäre nichts Neues! So hat sich schon Sarkozy in Dakar geäußert.

E. Todd Und die Leute, so solche Äußerungen von sich geben, werden sich wieder einmal lächerlich machen.

Deutschland: gestern nationalsozialistisch, heute egoistisch

@si Da Sie von Deutschland reden: Da ist auch so eine Stelle in Ihrem Buch, bei der man irgendwie zusammenzuckt. Sie sprechen vom traditionellen deutschen Familiensystem, einem der Stammfamilie, in dem zwangsläufig ein einziger Nachfolger bestimmt wird, in der Regel der älteste Sohn. Und Sie haben Auschwitz und den Völkermord, grob gesagt, aus dieser Familienstruktur abgeleitet. »Die traditionellen Familienstrukturen in Deutschland, Japan und Ruanda«, so heißt es bei Ihnen, »beinhalteten den gegenteiligen Wert: den der *Ungleichheit* zwischen den Brüdern. Die Stammfamilie verlangte die Bestellung eines einzigen Nachfolgers, in der Regel des ältesten Sohnes nach dem männlichen Erstgeburtsrecht. Das Zusammenleben mit dem ältesten verheirateten Sohn setzt ein Prinzip der *Autorität* voraus. Zusammen führten die familiären Werte der Autorität und der Ungleichheit dazu, dass sich auf dem Weg der Modernisierung eine Ideologie des Übergangs herauskristallisierte, in der die Hierarchie und eine gesellschaftliche und rassische Rangordnung im Vordergrund standen.« ... Und jetzt kommt's! Das Abrutschen beginnt so: »Ein universalistisches Menschenbild erschien in der Ethik und in der Außenpolitik als unannehmbar: Wenn die Brüder ungleich sind, sind es auch die Menschen und Völker. Die Krise führte so je nach dem Umfeld zur Degradierung der Juden zu Untermenschen, zu einer maßlosen Überhöhung der japanischen Nation oder zum Massaker an den Tutsis.«

E. Todd Ja, das habe ich geschrieben, und es ist einer der historischen Lehrsätze, auf die ich besonders stolz bin. Die Länder, in denen die traditionelle Familienstruktur die Brüder oder, wie im Fall Frankreichs, alle Kinder als gleich definiert, münden in ihrer Übergangsphase in der Regel in gewalttätige Krisen, die äußerst blutig verlaufen können, die aber mit der Vorstellung eines universellen Menschen zusammenpassen, so im Fall Frankreichs, Russlands und der Chinesen, die alle eine kommunistische Revolution gemacht haben, wenn man so sagen darf. Auch die arabische, islamistische Welt ist bei all ihren Defiziten universalistisch. Ich idealisiere hier nichts. Ich sagte, die Französische Revolution wollte die Freiheit für alle. Man könnte sagen, die Russische Revolution wollte den Gulag für alle, aber für wirklich alle! *[Lacht.]*

@si Ist ja verrückt!

E. Todd Aber in Ländern, in denen wie in Deutschland bis zum Zweiten Weltkrieg diese grundlegende Ungleichheit zwischen den Brüdern in der Familienstruktur bestand, in Ländern, in denen den Menschen die Vorstellung ins Unbewusste eingepflanzt wurde, dass die Menschen ungleich seien, stellt man die Entstehung nicht egalitärer Ideologien des Übergangs fest. Sagen Sie mir nicht, dass Deutschland zur Entstehung universalistischer Ideen einen bedeutenden positiven Beitrag geleistet habe! Den Nationalsozialismus gab es! Ähnlich war die japanische Konzeption der ethnischen Zugehörigkeit in der Zeit des Übergangs. In den kleinen Ländern mit Stammfamilie hat man es mit einer Soft-Version zu tun, in der sich die Völker mit dem Gefühl begnügen, dass sie deutlich anders seien. Die Schweden und die Katalanen fühlen sich anders. Die Basken sind ein wenig ein »Grenzfall«, weil sie »stämmig«, klein und anstrengend sind. *[Lacht.]* Nehmen Sie die alemannischen Schweizer, die wie die Deutschen dem Modell der Stammfamilie folgen, aber keine Deutschen sind: Dabei herausgekommen ist eine friedliebende ethnozentristische Kultur. Die Schweizer sind keine bedeutenden Universalisten. Wenn es bei irgendeiner Abstimmung innerhalb der Schweiz zum Beispiel um den Beitritt zu den Vereinten Nationen, der UNO usw. geht, sind die romanischen Schweizer eher dafür, die alemannischen Schweizer aber dagegen. Das macht sie nicht zu gewalttätigen Menschen, das ist ein demokratischer Ablauf. Aber der *Homo helveticus* ist kein universalistischer Mensch.

@si Entwickeln sich Familienstrukturen weiter? Ist die deutsche Familienstruktur noch immer die Stammfamilie, die Sie beschrieben haben? Hinter dieser Frage verbirgt sich eine gewisse Besorgnis: Muss man für die Zukunft fürchten, dass zum Beispiel im Fall Deutschlands gleiche Ursachen gleiche Wirkungen hervorbringen?

E. Todd   Soll ich Ihnen ganz offen antworten?

@si   Natürlich!

E. Todd   Was glauben Sie: Warum verfolgt Deutschland gegenwärtig in Europa eine völlig egoistische Wirtschaftspolitik? Warum ist es zu einer universalistischen europäischen Haltung unfähig? Weil die alten Parameter auf abgemilderte, friedlichere Weise weiterwirken. Das heißt, keine Idee eines universellen Menschen bringt Deutschland dazu, mit seiner Wirtschaftsmacht Verantwortung für ganz Europa zu übernehmen. Deutschland und Japan sind befriedete Länder, echte Demokratien (wobei die Japaner auch noch Sinn für Humor haben), aber eine vorurteilslose Beurteilung eines Landes verlangt, dass man seine positiven wie negativen Seiten sieht. Und die Geschichte Deutschlands ist eine ganz großartige Geschichte, eine tragische, unglaubliche Geschichte. Trotzdem muss man die Realität sehen, und gegenwärtig verfolgt Deutschland ein komplett asymmetrisches Wirtschaftskonzept. Der systematische Handelsüberschuss entspricht einer asymmetrischen Sicht, in der die Asymmetrie der alten deutschen Bauernfamilie wieder zum Vorschein kommt. Die anthropologischen Merkmale wirken also in abgemilderter Form fort. Die Kulturen bewegen sich zwar aufeinander zu, aber was fehlt, ist die Annäherung beim einheitlichen Menschentyp. Das ist wie beim Horizont. Man hat ihn vor Augen, aber wenn man auf ihn zugeht, rückt er weiter weg.

@si Beenden wir dieses Gespräch dann mit der Vorstellung, dass es mit der Begegnung der Kulturen doch nichts wird? Hat sich der Prophet zu weit aus dem Fenster gelehnt?

E. Todd Nein, aber damit es zu einer echten Begegnung, einer absoluten Konvergenz kommt, müsste man sich über das Ziel verständigen. Tatsächlich müssten die Menschen irgendwo den Sinn des Lebens gefunden haben, damit sie alle in dieselbe Richtung streben. Das erscheint mir aller Vernunft nach ausgeschlossen.

— Nachtrag ——————————————————

D. Schneidermann In diesem letzten Teil der Sendung war ich sehr überrascht über Ihre Nachsicht gegenüber der russischen »Demokratie«, verglichen mit Ihrer Strenge gegenüber den Deutschen. Deren gegenwärtige Staatsform erscheint gleichwohl demokratischer: weniger Regimegegner im Gefängnis, keine Journalistenmorde …

E. Todd   Deutschland und Russland befinden sich vielleicht nicht im gleichen Stadium, aber das beruht auf äußeren Faktoren. Der Nationalsozialismus ist nicht von allein zusammengebrochen, er wurde besiegt, und Deutschland wurde von der amerikanischen Besatzung sehr schnell und bestens auf den rechten Weg zurückgeholt. Also profitierten die Deutschen zugleich von ihrer Niederlage und von einer beschleunigten demokratischen Modernisierung unter amerikanischem Einfluss, auch bei den erzieherischen Maßnahmen. Die Russen sind gegenwärtig vielleicht weniger weit vorangeschritten, aber sie haben ihr System selbst gestürzt. Also kann man nicht behaupten, die Russen hätten ein weniger demokratisches Temperament als die Deutschen. Für die Deutschen ist noch nicht bewiesen, dass sie dasselbe geschafft hätten wie die Russen, nämlich ihren Totalitarismus abzuschütteln. Und in diesem Augenblick ist Deutschland dabei, sich aus dem Lager der westlichen Demokratien zu verabschieden …

D. Schneidermann   Sich zu verabschieden?

E. Todd   Es ist doch deutlich spürbar, dass Deutschland eine internationale und europäische Haltung einnimmt, die … spezifisch ist!

D. Schneidermann   Spezifisch? Aber doch nicht mehr als die Frankreichs oder Englands?

E. Todd   Aber mit der Besonderheit, dass Deutschland als die Industriemacht des Kontinents eine Führungshaltung nach Schweizer Art einnimmt, völlig egoistisch, was sicher nicht die französische Haltung in einer Position der absoluten Vorherrschaft auf dem Kontinent wäre. Deutschlands Verhältnis zur Universalität und zur Freiheit ist immer noch ganz anders. Deutschland ist keine echte Wettbewerbsdemokratie, es bevorzugt große Koalitionen. Ich behaupte nicht, dass das bedrohlich sei. Ich sehe das Land eher als eine riesige alemannische Schweiz.

D. Schneidermann   Jetzt aber noch mal: Was unterscheidet denn den deutschen Egoismus von dem der übrigen Mitgliedsstaaten der Europäischen Union, vom französischen oder vom britischen Egoismus?

E. Todd   Die Franzosen besetzten während der Französischen Revolution eine dominante Stellung auf dem Kontinent. Sie hatten das Ideal des universellen Menschen. Natürlich war der Franzose im Innersten ein vollkommenerer und universellerer Mensch als die anderen, aber Napoleons Truppen haben bei ihrem Marsch durch Europa die Ghettos geöffnet, die Juden emanzipiert, das deutsche Feudalsystem gestürzt und eine einheitliche Führung des Kontinents praktiziert. Als die Deutschen in einer Position der militärischen Vorherrschaft waren, haben sie ein hierarchisches System der Völker eingeführt, bei dem die Deutschen an der Spitze, die Juden ganz unten und die Franzosen irgendwo in der Mitte standen.

D. Schneidermann Zum Thema der glanzvollen napoleonischen Führung in Europa: Ich glaube, die Spanier beispielsweise würden Ihnen nicht unbedingt zustimmen...

E. Todd Ich habe nicht gesagt, dass der Universalismus nett daherkam, dass die Franzosen nett waren. Ich sagte, dass es den Versuch einer universellen Führung und Vereinheitlichung gab, mit der Bildung von 90 französischen Départements, der Schaffung deutscher Départements usw.

Um auf die Gegenwart zurückzukommen: Als sich Deutschland während des Irak-Krieges von den USA abgesetzt hat, konnte man darin den Beginn eines europäischen Bewusstseins sehen, mit einem vollkommenen Einvernehmen zwischen Franzosen und Deutschen. Daran habe ich geglaubt. Aber es stellte sich heraus, dass sie die Amerikaner nur in einem ersten Schritt zum Teufel schickten. Als nächsten Schritt schickten sie auch die Europäer zum Teufel. Und heute finden sich bei den Operationen in Libyen wie durch Zufall die drei alten westlichen Demokratien zusammen. Denn im engeren Sinn ist die westliche Demokratie, wie sie am Anfang war, ihr Gründungskeim, in Frankreich,

England und den Vereinigten Staaten verkörpert, in der Welt Tocquevilles. Und diejenigen, die heute denken, dass zum Westen, historisch gesehen, von Anfang an auch Deutschland gehört habe, sind vollkommen verrückt.

D. Schneidermann Ich gehe davon aus, dass man diese Feststellung, wonach sich Deutschland verabschiede, in Verbindung mit Ihrer Prognose sehen muss, wonach der Euro auseinanderfallen wird. Wie weit geht diese Verabschiedung?

E. Todd Natürlich. Aber keine Sorge: Es ist nicht so schlimm, da die Europäer ja alle alt und müde geworden sind. Nun ja, es ist schlimm. Um sich an dem Gedanken festzuklammern, dass die französische und die deutsche Gesellschaft identisch seien, muss man schon schizophren sein. Das unterschiedliche Verhalten der Leute ist doch deutlich spürbar: Ihr Verhältnis zum Nachbarn ist unterschiedlich, ihr Verhältnis zur Autorität ist noch immer unterschiedlich, wenn auch leicht abgemildert.

D. Schneidermann Also mich hat in Deutschland sehr überrascht, dass die Züge dort immer häufiger Verspätung haben und dass die Fußgänger immer häufiger bei Rot über die Straße gehen.

E. Todd Tatsächlich? Das ist das richtige Kriterium. Ich meine, das ist phantastisch, denn für mich ist das Kriterium für das, was ich Stammgesellschaften nenne, Gesellschaften, die einen Hintergrund der Stammfamilie haben, die Einstellung der Fußgänger gegenüber der roten Ampel. Der Stammbürger respektiert die rote Ampel, auch in einer Nebenstraße, wenn keiner herschaut.

D. Schneidermann   Eben! In Deutschland ist das immer weniger der Fall. Darauf muss ich Sie hinweisen.

E. Todd   Das ist ein sehr gutes Zeichen, mehr kann ich nicht sagen. Aber noch sind wir nicht auf der sicheren Seite …

D. Schneidermann   Bedeutet dies, dass das deutsche Familiensystem seine strukturierende Macht über die Gesellschaft verliert?

E. Todd   Auf lange Sicht ja. Ich dachte anfangs, dass sich die Familienstruktur am Anfang prägend auswirken würde und sich das Modell auf Dauer abmildern würde. Und dann stellte ich fest, dass in der zweiten Generation die Rate der gemischten Eheschließungen bei Kindern muslimischer Herkunft in Frankreich um so viel höher war als in Deutschland, dass ich mich allmählich fragte, ob die Werte, die das Leben der modernen Gesellschaften strukturiert haben, nicht wiederkehrten und sich auf andere Weise wieder äußerten. Deswegen rede ich eher von einem anthropologischen als von einem familiären System. Die Familie, das sind die Beziehungen zwischen Eltern und Kindern oder zwischen Geschwistern. Das anthropologische System deckt zugleich die Beziehungen zwischen Kindern und Erwachsenen und zwischen Nachbarn ab. Also denke ich, dass es so etwas in der Art gibt. Ich glaube durchaus daran, dass etwas zurückgeblieben ist.

D. Schneidermann Ich werde Sie provozieren. Wenn ich Ihr Modell richtig verstehe, ist es im Grunde immer gültig, außer wenn es nicht mehr gilt. Ich erkläre das: Es gilt immer, außer wenn äußere Umstände es verfälschen, so durch den Angriff auf den Iran, durch die amerikanische Besatzung Deutschlands oder die Ölrente. Ziemlich bequem!

E. Todd Das stimmt. Ich könnte durchaus versuchen, die Wechselwirkungen zwischen Systemen und die äußeren Einflüsse in das allgemeine Modell einzubeziehen …

D. Schneidermann … auch die äußeren Zufälle?

E. Todd Ja, aber äußere Zufälle gibt es immer. Die Länder existieren nicht im luftleeren Raum, sie sind nicht gegeneinander abgeschottet, es gibt Phänomene der geografischen Nähe. Es wirken also äußere Einflüsse ein, verbunden mit Phänomenen der Expansionskräfte, der Besatzung, der Eroberung und der Kriege zwischen Systemen. Sie alle wirken offenkundig als Störfaktoren. Man könnte durchaus einen dritten Faktor hinzufügen: Die Phänomene der Wechselwirkung zwischen Nachbarländern.

Trotz allem, trotz dieser Störungen stehen das Endergebnis und der Schlusspunkt all dieser Systeme bestens im Einklang mit meinem Modell. Die angelsächsischen Länder mit dieser familiären Basis verhalten sich alle in ungefähr ähnlich. Die Vereinigten Staaten, Kanada, England, Australien, Neuseeland sind doch Gesellschaften, die in ungefähr dasselbe liberale und demokratische Gesicht haben, obwohl sie auf eine jeweils ziemlich unterschiedliche Geschichte zurückblicken.

Japan, Deutschland und Schweden als ordnungsliebende, leistungsfähige Gesellschaften zeigen ebenfalls Berührungspunkte. Die Länder, die endogene kommunistische Revolutionen hinter sich haben, hatten alle die Familienstruktur gemein: Russland, China, Nordvietnam und Serbien mit einem Stück Kroatiens. Die Bauern, die in Frankreich kommunistisch wählten, in der Region, die ich [nach dem kommunistischen Politiker] Lajoinie Country in der Schlussphase nenne, sind da angesiedelt, wo man auf diese gemeinschaftliche Familienstruktur stieß. Das Gleiche gilt für den Teil Italiens, der kommunistisch wählte, für Mittelitalien.

In Finnland haben ebenfalls die Regionen, die kommunistisch wählten, einen Typ Familie mit Rechtsgleichheit unter Brüdern. Nein: Wenn diese unwesentlichen Phänomene so stark gewesen wären, wie Sie sagen, hätte ich diese Übereinstimmung so sicher nicht feststellen können. Ich lag eines Tages auf dem Sofa und entdeckte vor meinem geistigen Auge, dass sich die Landkarte der Familienstruktur mit Gleichheit unter Brüdern – einer patriarchalischen Struktur, wie man früher sagte – mit der des vollzogenen Kommunismus deckte. Das war eine Art Erleuchtung. Ich hatte in diese Karte instinktiv das nicht mit einbezogen, was Sie die historischen Variablen nennen würden. Für mich sind es die Variablen des Einflusses äußerer Mächte. Also habe ich Serbien und Vietnam zum endogenen Kommunismus gezählt, aber natürlich nicht Tschechien und Polen. Vor allem in Polen war das kommunistische System ja von der Roten Armee eingeführt worden, während Serbien sich selbst befreit hatte. In Serbien war der Kommunismus endogen und machte sich im Übrigen vom Sowjetkommunismus sehr rasch unabhängig.

Polen wurde zwar erobert, aber haben Sie nicht den Eindruck, dass das kommunistische System dort seinen Meister fand? Der von Grund auf individualistische Charakter der Polen wurde zu einem Stachel im Fleisch des Sowjetkommunismus. Ich habe das Gefühl, dass mein Modell den ultraresistenten Charakter der Polen bestens erklären kann. Ebenso, warum gerade die Polen dem Kommunismus in Europa den Untergang bereitet haben. Nach meinem Modell sind sie das individualistischste Volk.

D. Schneidermann   Noch einmal: Dieses Modell, so bestechend es sein mag, scheint mir noch einen Faktor auszublenden, der allgemein als entscheidend gilt: die Rolle der Kirche!

E. Todd   Diese Rolle habe ich immer für überschätzt gehalten. Nehmen wir die Geschichte Polens vor der russischen Besatzung: Das Land wurde nicht von der Kirche dominiert. Es war eine Militärdiktatur. Es gab auch einige etwas religiösere Regionen, aber das Polen zwischen den beiden Kriegen wurde so gar nicht durch seinen Katholizismus bestimmt. Und die tragische Realität der polnischen Geschichte bestand darin, dass die russische, die sowjetische Besatzung und der Kommunismus den Katholizismus als Kraft des nationalen Selbstschutzes wiederbelebt haben. In der polnischen Geschichte ist das mehrfach passiert: gegenüber den Preußen usw. Aber das ist nicht die grundlegende Variable. Diese Wiederbelebung des Katholizismus als Identitätsfaktor fand an zahlreichen Orten statt. Sogar im Elsass zur Zeit der Besatzung durch das Deutsche Reich!

D. Schneidermann   Dann ist die Polnische Revolution von 1981, das »Habt keine Angst« Johannes Pauls II., Ihrer Meinung nach unwesentlich gewesen?

E. Todd   Aber nein, das war nicht unwesentlich. Es ist passiert, es war wichtig, aber ich glaube, dass der eigentliche Grund dafür, dass der Kommunismus in Polen Auflösungserschcinungen zeigte, nicht die Kirche, sondern diese überindividualistische Familienstruktur war. Die war im 18. Jahrhundert übrigens so individualistisch, dass sie Polen schließlich in die Selbstauflösung geführt hatte.

D. Schneidermann   Sie haben im Verlauf der Sendung mehrmals den Ausdruck »Fortschritt« gebraucht. Was bedeutet er für Sie genau? Worin besteht der Fortschritt der Menschheit?

E. Todd   Ich glaube, dass die Geschichte der Menschheit eine Richtung hat.

D. Schneidermann   Und wie würden Sie die definieren?

E. Todd   Ganz klassisch: Sprache wird entwickelt, der Auszug aus den Höhlen, das Feuer wird entdeckt, der Ackerbau erfunden …

D. Schneidermann Ihr erstes Kriterium ist also wissenschaftlicher Art?

E. Todd Es gibt auch Rückschläge, aber gut! Die Schrift wird erfunden, zunächst nur an zwei Orten. Und am Ende steht die Alphabetisierung der Massen, und während alle die Hoffnung schon aufgegeben haben, landet man am Ende doch bei einer Welt, die um 2030 vollständig alphabetisiert ist, einschließlich Afrikas. Das nenne ich Fortschritt. Familienplanung ist ebenfalls Fortschritt. Tatsächlich glaube ich, dass ich im Grunde meiner Seele eine ganz optimistische Sicht von der Menschheitsgeschichte habe. Trotz der Massaker, trotz aller Schrecken habe ich immer noch das Gefühl, dass die Menschheit in eine Richtung strebt.

D. Schneidermann Diesen Feststellungen wird jeder zustimmen. Ich formuliere meine Frage folglich genauer: Strebt dieser Fortschritt in Ihren Augen mit Blick auf die Wirtschaft zu einem bestimmten Typ Gesellschaft? Gibt es in Ihrer Vorstellung ein Wirtschaftssystem, das sozusagen erfolgreicher ist als andere? Und um die Frage noch genauer zu formulieren: Sollten die Produktionsmittel Ihrer Meinung nach eher in öffentlicher oder in privaten Händen liegen?

E. Todd Ich denke nicht in den Begriffen der Wirtschaftssysteme. Für mich ist Wirtschaft eine zweitrangige Variable. Ich bin radikaler Antimarxist, und Ultraliberalismus ist für mich ein gewendeter Marxismus. In meinen Augen ist die Wirtschaft deutlich weniger bestimmend, als es die Familienstrukturen oder der Anstieg des Bildungsniveaus sind. Wenn Sie mich schon in die Enge treiben: Ich glaube, im Großen und Ganzen am besten funktionieren gemischte Wirtschaftssysteme, die die Initiative des Einzelnen mit den regulierenden Eingriffen des Staates kombinieren. Wenn man zu sehr in Richtung staatlicher Regulierung oder in Richtung Individualismus abweicht, läuft die Sache aus dem Ruder.

Wenn ich den europäischen Protektionismus verteidige – Protektionismus als staatliche Intervention –, dann meine ich damit ein Eingreifen, eine Industriepolitik zur Neuausrichtung der Wirtschaft. Und was das Verhalten der meisten Unternehmen angeht, so glaube ich an den Markt, an Konkurrenz und an das rationale Vorgehen des Unternehmers. Ich bin also das Gegenteil eines Verfechters von Dirigismus. Ich bin ein Gemäßigter.

Das heißt, obwohl ich mich weniger schlecht auskenne als viele derer, die sich das Etikett »Ökonom« ans Revers heften, interessiert mich das Fach eigentlich überhaupt nicht. Ich bevorzuge die menschlichen Variablen, die Familie, die Art, wie sich die Leute bilden. Das erscheint mir alles aussagekräftiger.

D. Schneidermann Finden Sie die Art, wie die Leute konsumieren, produzieren oder arbeiten, weniger interessant?

E. Todd Der *Homo oeconomicus* interessiert mich nicht so sehr. Natürlich existiert er. Der Markt existiert. Das Gesetz von Angebot und Nachfrage existiert. Adam Smiths Theorie zur Spezialisierung der Nationen erscheint mir durchaus gültig, aber tatsächlich ist sie nicht furchtbar wichtig. Bei Keynes fällt auf, dass er begriffen hat, dass Wirtschaft nicht furchtbar wichtig ist. Man erlernt sie schnell. Ja, für die Arbeit interessiere ich mich schon, im Gegensatz zur Wirtschaftswissenschaft. Die interessiert sich ja nicht für die Arbeit, sondern für die Nichtarbeit. Sie postuliert doch, dass der rational denkende Wirtschaftsakteur derjenige ist, der sich am meisten leisten kann, dafür aber am wenigsten arbeitet. Sie geht also von dem Prinzip aus, dass Arbeit etwas Negatives und Konsum etwas Positives sei. Aber die menschliche Wahrheit liegt anderswo. Bei Freud findet man Sätze wie: Gesund sein heißt lieben und arbeiten. Arbeit ist zutiefst ausgleichend, sie ist etwas ganz Wunderbares. Arbeiten ist also positiv!

PIPER

Lale Akgün
Aufstand der Kopftuchmädchen

Mit Beyza Bilgin & Martin Benninghoff.
Deutsche Musliminnen wehren sich gegen den Islamismus.
288 Seiten. Piper

Lale Akgün hat in der deutschen Politik Karriere gemacht, hat
Bestseller geschrieben, ist in Köln zuhause – und bekennt
sich zum islamischen Glauben. Sie und unzählige andere
Frauen werden für den Islamismus in Haftung genommen.
Sie werden als Kopftuchmädchen verunglimpft und als Re-
likte einer archaischen Gesellschaft belächelt, weil man
sich nicht die Mühe macht, zwischen Islam und Islamismus zu
unterscheiden. Lale Akgün fordert einen neuen Islam,
einen, der die westlichen Werte, die Werte der Französischen
Revolution und der Aufklärung anerkennt – aber sie wird
bei diesem Kampf gerade von jenen im Stich gelassen, die angeblich so vehement für die Rechte der muslimischen
Frauen eintreten.

»Ich bin eine westliche Muslima.«
Lale Akgün

01/1906/01/R

PIPER

Gabor Steingart
Das Ende der Normalität

Nachruf auf unser Leben, wie es bisher war. 192 Seiten.
Gebunden

Normalität bedeutete das Verlässliche in der Gesellschaft.
Es war jene Zeit, als Familie noch lebenslange Schicksals-
gemeinschaft bedeutete und sich nicht ein- und ausschalten
ließ wie ein Pay-TV-Programm. Damals begann nach der
Ausbildung der »Ernst des Lebens« und nicht das nächste
Praktikum. Es war jene Zeit, als man drei Freunde im Café
traf und nicht 500 Freunde auf Facebook. Damals bekamen
Banker noch einen Schreck, wenn sie das Wort Risiko hör-
ten, und nicht – wie ihre Nachfahren – einen Erregungszu-
stand. Das Kennzeichen unserer Zeit ist das Verschwinden
der vielen Selbstverständlichkeiten. Millionen von Menschen
spüren die Überforderung: jedes Mal, wenn man alle Antworten gelernt hat, wechseln die Fragen. Dennoch muss der
Gezeitenwechsel kein Drama sein, sagt Steingart. Das Gefühl der Fremdheit und die Vorfreude auf ein Leben, das
anders sein wird als unser bisheriges, schließen sich nicht
aus. Steingart berichtet in seinem schwungvollen Essay von
dem, was geht, was bleibt und was kommt.

01/1957/01/R

Ayaan Hirsi Ali

Mein Leben, meine Freiheit

Die Autobiographie. Aus dem Englischen von Anne Emmert & Heike Schlatterer. 496 Seiten mit 8 Seiten Farbbildteil. Piper Taschenbuch

Nach ihrem Bestseller »Ich klage an« erzählt Ayaan Hirsi Ali ihre persönliche Geschichte: Sie schreibt von ihrer Kindheit und Jugend in Somalia, Saudi-Arabien, Äthiopien und Kenia und ihrer Flucht vor der Zwangsheirat nach Europa. Sie berichtet von ihrer politischen Karriere in den Niederlanden, ihrer Abkehr vom Islam und ihrer Übersiedelung in die USA. Der Weg einer jungen Frau zur weltweit geachteten Freiheitskämpferin – und die Antwort darauf, warum sie immer weitermacht, trotz aller Gefahren.

Ayaan Hirsi Ali

Ich klage an

Plädoyer für die Befreiung der muslimischen Frauen. Aus dem Niederländischen von Anna Berger und Jonathan Krämer. 224 Seiten. Piper Taschenbuch

Das Bild schockierte die Welt: Dem toten Filmregisseur Theo van Gogh hatte sein Mörder einen Drohbrief an die Brust geheftet, adressiert an Ayaan Hirsi Ali – eigentlich hätte sie sterben sollen. Ihr lebensgefährlicher Kampf gilt dem Schicksal der muslimischen Frauen, und sie ruft diese dazu auf, die Fesseln der unterdrückerischen Tradition abzustreifen, damit endlich sie selbst bestimmen können, wie sie leben wollen.

»Hirsi Alis Anklageschrift kann gar nicht hoch genug geschätzt werden. Denn sie kennt den Islam von innen, und sie nutzt die Meinungsfreiheit im Westen, der islamischen Kultur einen Spiegel vorzuhalten.«
Berner Zeitung

05/2602/01/L

05/2046/02/R